13

ZINEB

13

document

AVEC LA COLLABORATION
DE MARIE PINSARD

ring.fr

ÉDITIONS RING

Collection
DOCUMENT
-
RING
www.ring.fr
-

PRÉFACE

« Combattez ceux qui ne croient ni en Allah, ni au jour dernier, qui n'interdisent pas ce qu'Allah et Son messager ont interdit et qui ne professent pas la religion de Vérité, parmi ceux qui ont reçu le Livre, jusqu'à ce qu'ils versent la capitation de leurs propres mains, en état d'humiliation ».

Verset 29, sourate de la Tawba - Le repentir.

L'Islam est le grand absent de ce livre. Ceux qui sont encore là pour témoigner n'en parlent pas, ou peu. En dépit de leur meurtrissure, de leurs plaies encore ouvertes, ils veillent tacitement à ce qu'il n'y ait surtout pas d' « amalgame ». Ce vendredi 13 novembre, le terrorisme frappe Paris pour la seconde fois en 2015, faisant 130 morts et des centaines de blessés physiques et psychiques. Mais le plus urgent, c'est qu'il n'y ait aucun amalgame.

Pire, cet Islam au nom duquel ces crimes sont commis, d'éminents animateurs de la scène politico médiatique française martèlent qu'il serait en réalité « une religion de paix et d'amour ». La seule donc. Pour un autre pan de la bien-pensance à la Française, peu enclin à encenser l'Islam mais tout aussi affidé au consensus, « toutes les religions enseignent la violence ». Ainsi toutes les religions se valent, l'Islam n'a donc rien à se reprocher. D'autres encore s'empressent après chaque attaque terroriste, comme François Hollande au lendemain des attentats du 7 janvier 2015, d'asséner que les auteurs « ne sont pas des musulmans », mais « des criminels ». Circulez donc, tout ceci n'a rien à voir avec l'islam, sinon peut-être avec toutes les religions, car l'Islam, lui, est par essence incompatible avec le mal.

En excommuniant les terroristes, en les chassant de la vertueuse *Oumma*, le président pratique sans le vouloir la redoutable rhétorique du *takfîr*, celle-là même qui justifie tout acte de djihad. Décréter que l'Autre est un *Kâfir*, un non-musulman, c'est le condamner à la peine d'apostasie en Islam. « *L'apostat, tuez-le !* », a ordonné Mahomet. Et ce n'est rien d'autre que sa sunna que les terroristes mettent en œuvre aujourd'hui en tuant des infidèles et des apostats en France, car les victimes du 13 novembre ne sont pas innocentes aux yeux de l'Islam.

Daech applique bien l'islam, à la lettre près. François Hollande s'y trompe, car aux yeux de la *Oumma*, ce ne sont pas les bons sentiments, mais bel et bien l'orthopraxie qui fait le vrai musulman, celui qui accomplit ses cinq prières à l'heure, s'éloigne de tous les péchés et les condamne « *avec sa main, sinon avec sa bouche, sinon avec son cœur* », comme l'enseignait Mahomet. Le musulman de culture qui boit sa bière au Carillon ou qui assiste au concert des Death Metals au Bataclan ne doit surtout pas servir de sympathique alibi à l'Islam qui n'a cessé de jeter l'anathème sur lui et de lui promettre pléthore de châtiments corporels dans l'ici-bas et l'au-delà. Mais en France, plutôt que de défendre le Droit et la raison, une bonne partie de la société civile préfère courir au secours du « vrai islam », prétendument modéré, prônant le pacifisme et la tolérance.

C'est dire à quel point la propagande islamiste a fait du chemin, au point de pernicieusement imposer son idéologie jusque dans le discours officiel, et d'apposer sa censure sur la pensée, jusque dans les salons où il est de bon ton de dire que le terrorisme n'a rien à voir avec l'islam, religion de paix et d'amour, vecteur de civilisation et de lumières il y a quelques siècles... Et gare aux voix dissonantes ! Immédiatement accusées d'islamophobie, de racisme et assimilées aux pires simplismes de la xénophobie, elles sont décriées, vouées aux gémonies et livrées à la vindicte populaire. Le terrorisme intellectuel est né, et aucune guerre ne lui est livrée, si ce n'est une guérilla téméraire menées par quelques voix aussi lucides qu'isolées, bien souvent elles-mêmes issues de la culture musulmane. Devoir le préciser est un indice supplémentaire de la chape de censure qui pèse en France sur tout discours de franchise à l'égard de l'Islam. Aujourd'hui, les laïques de culture musulmane se sentent le droit -plus que d'autres- mais surtout le devoir de dénoncer sans équivoque les inéluctables périls que nous promet l'inexorable islamisation du monde musulman, et de la France avec. Voilà qui est bien regrettable, dans l'universel républicain, de devoir se prévaloir d'une culture « d'origine » pour être autorisé à porter des idées, car la pensée n'est nullement censée être dictée par la généalogie, mais ainsi l'ont voulu les thuriféraires de l'obscurantisme et leurs idiots utiles communautaristes et relativistes culturels. Le piège de la bien-pensance se referme sur le bon sens. Le totalitarisme religieux, lorsqu'il épuise ses moyens belliqueux, lorsqu'il ne dispose pas de la force de la coercition comme en terre d'Islam, avance sous le masque de l'antiracisme. Celui-ci est détourné de son noble combat universaliste et égalitaire, dévoyé au service d'une vision condescendante de l'altérité, où la radicalité devient un standard culturel essentialiste, une vertu, un droit. Les plus vaillants généraux de la guerre livrée à la raison n'hésitent ainsi pas à prétendre que le djihad, cet étendard annonciateur de mort et de destruction, serait en réalité « un mouvement vers la paix[1] ». En français, ils dénoncent l'échec de la politique d'intégration, se plaignent d'être le parent pauvre de la République, victimes d'un apartheid social qui n'est inscrit dans aucune loi, mais en arabe, dans l'entre soi des salles de prière, ils martèlent que l'identité, « c'est d'abord l'Islam, avant toute autre chose[2] ». Drôle de façon de vouloir s'intégrer.

1 Interview de Tariq Ramadan.
2 Prêche en langue arabe de Mohamed Khattabi, imam de la mosquée de Montpellier.

Où est donc ce « vrai Islam » dont nous parlent les chiens de garde de la « stigmatisation » ? Est-il en Arabie Saoudite, un « Daech qui a réussi [1] », au point d'accueillir les plus hauts dignitaires français en visite officielle, ou bien au Maroc, pays des Droits des touristes, où les femmes, bien que non contraintes par la loi à porter le voile, se sentent de moins en moins libres de s'habiller comme elles l'entendent ? Les mêmes dirigeants français qui accourent aux banquets hallal des monarques saoudiens ont cru bon sous-traiter la formation des Imams au royaume chérifien. Ne savent-ils pas que Marrakech dont ils ne connaissent que les Riyads huppés et les nuits rouges est aussi la ville du Cheikh Maghraoui, mufti ayant pignon sur rue, financé par l'Etat marocain, qui affirme conformément à la sunna que les petites filles peuvent convoler dès l'âge de 7 ans ? Après tout, le fondateur de la religion de paix et d'amour ne l'avait-il pas fait en épousant la petite Aïcha alors qu'il avait plus de cinquante ans ? Où est donc le « vrai islam » ? Devons-nous faire l'expérience de l'incompatibilité entre Islam, démocratie et liberté pour réaliser que cet « Islam des lumières » que nous promettent des prédicateurs en cravate sur les plateaux de télévision est une chimère ? Jusqu'où la France jouera-t-elle sur la fibre de la condescendance communautariste et du différentialisme culturel pour complaire aux plus radicaux ?

1 Tribune de Kamel Daoud, *New York Times*, 20 novembre 2015.

Il suffit pourtant d'un minimum de clairvoyance et d'honnêteté intellectuelle pour se rendre compte qu'aucun État islamique dans le monde n'est une démocratie, ni un havre des Droits humains, et encore moins des Droits des femmes. Le sort que réservent les théocraties islamiques aux voix hérétiques renseigne à lui seul sur la « tolérance » de l'Islam à la contradiction. Ces opposants de l'intérieur sont pourtant la négation vivante de la thèse de l'islamophobie. On ne critique pas l'Islam par racisme, mais au contraire, par universalisme. Dénier aux ressortissants d'une culture le droit de la critiquer, c'est leur dénier la capacité à atteindre l'universel que l'on prône pour soi. C'est cela, l'essence même du racisme. Qui penserait à qualifier de « christianophobe », sous-entendu raciste anti occidentaux, une personne qui critiquerait le catholicisme ? En termes cartésiens, l'on préfère parler d'anticléricalisme. Les chantres de l'islamophobie sont fondamentalement essentialistes, car incapables de voir en le « Musulman » autre chose qu'un être à l'identité monocorde faisant partie d'une masse monolithique définie par sa religion.

En criant à ce faux racisme pour défendre « l'exception religieuse islamique », les pleurnichards de l'islamophobie et leurs idiots utiles entretiennent l'illusion de lutter contre l'extrême droite, tout en usant comme elle de la thèse ethnicisante. Certes, ces deux extrémités de l'échiquier fasciste ne défendent pas les mêmes intérêts, mais elles sont bien nourries du même substrat idéologique : la République n'est pas composée de citoyens tous égaux en droits et en devoirs, mais de communautés ayant droit à des privilèges régis par leur généalogie, confondue avec la notion de « culture ». Les « Français de souche » auraient ainsi une préséance de caste due à leur « ancienneté », et les « musulmans », eux, auraient droit à un blanc-seing sur leurs coutumes d'un autre âge sous couvert de tolérance. D'ailleurs, que seraient ces fascismes l'un sans l'autre ? Que deviendrait la bonne vieille extrême droite française sans l'épouvantail de l'étranger réduit à son héritage religieux supposé, voire à son faciès, et que serait l'extrême droite islamiste qui ne dit pas son nom sans son hold-up communautaire sur toute une partie de la population française, au nom d'une exclusion qu'elle entretient en affublant ses ouailles de l'apparat salafiste ? La paix sociale, la vraie, n'est ni dans l'utopie de l'islam des origines, ni dans la guerre livrée aux immigrés ou à l'État islamique en Syrie. Elle ne pourra se réaliser que grâce à l'universel républicain où les citoyens sont représentés par leurs élus et non par leurs castes ou communautés.

Les terroristes, eux, en frappant arbitrairement une nation aussi métissée que la France, ne s'y trompent pas. Contrairement aux pleurnichards de l'islamophobie, inventeurs d'une nouvelle race ; la race musulmane, Daech et ses dérivés ne croient pas que l'on puisse être musulman par hérédité ou par culture, mais uniquement par obédience au fondamentalisme.

Porter un habit salafiste n'est pas une culture, mais un acte d'allégeance à une idéologie. Ceux qui se plaignent d'être stigmatisés derrière leur Qamiss ou leur Niqab ne le sont pas en raison de leurs origines raciales comme ils aiment à le prétendre, mais parce qu'ils sont le vecteur visuel d'un islamo-fascisme impérialiste dont ils sont les fantassins en France. Comment est-ce qu'arborer un accoutrement saoudien ou afghan peut-il être une réponse logique à un phénomène d'acculturation toujours vivace au bout de la deuxième, voire de la troisième génération d'immigration ? Pourquoi d'ailleurs analyser le phénomène de la radicalisation par le spectre de l'immigration, lorsque de nombreux embrigadés sont des convertis ne souffrant aucun problème identitaire ou « stigmatisation » ? Les racines du mal ne sont définitivement pas raciales.

Elles ne sont pas économiques non plus, puisqu'ont ne devient pas terroriste à cause de la pauvreté. La banlieue parisienne n'est certainement pas plus défavorisée que les faubourgs de Dakar, Tunis ou Casablanca, qui n'ont pourtant pas livré que des bombes humaines. Faut-il rappeler que le terrorisme est promu par les plus riches de ce monde, l'Arabie saoudite et le Qatar ? Parmi les terroristes du 13 novembre, beaucoup avaient un travail, des revenus, ou étaient même issus de la classe moyenne commerçante comme Abdelhamid Abaaoud dont cet ouvrage dresse un portrait posthume. Le point commun entre radicaux nantis gavés de pétrodollars, belges de deuxième et de troisième génération, convertis issus de familles agnostiques, diplômés ou à peine alphabétisés, c'est l'idéologie. C'est la suprématie de l'Islam sur toute autre forme de pensée, et le projet d'étendre la *Oumma* en Occident, puis partout ailleurs. Le monde est ainsi divisé pour les islamistes : la maison de l'Islam, où la foi de Mahomet gère la Cité, et la maison de la guerre, où elle devrait s'étendre par le djihad.

Les victimes du terrorisme, elles, sont si sidérées qu'elles peinent longtemps à construire un discours autour de ce qui leur est arrivé. L'idéologie est absente, seul l'humain demeure. Après les attentats de Charlie, le cercle des victimes n'évoquait ni les assassins, ni leur motivations. Il n'y avait ni colère, ni haine, juste de la tristesse, et le désarroi de voir s'accomplir un châtiment pourtant maintes fois promis comme une fatalité à laquelle nul ne peut échapper, même pas en France. La colère ne vint que le 13 novembre, lorsque les mêmes terroristes « connus des services », « fichés S », « ayant déjà subi des contrôles », voire déjà condamnés par la justice pour terrorisme, sont passés à l'acte et ont perpétré un massacre encore plus sanglant, avec la même facilité, et dans la même impunité pour leurs mentors idéologiques. Le terrorisme en devient une routine, un phénomène météorologique qui sévit de temps en temps, avec la même force et le même arbitraire. Pouvoir le prédire ne change rien à l'inertie de la société, plus prompte à traquer les « amalgames ». Le terrorisme ne sera efficacement combattu que le jour où l'amalgame sera justement fait entre ceux qui commettent des actes et ceux qui les justifient, leur trouvent des excuses ou font la promotion de leur idéologie. Prétendre lutter contre le terrorisme en bombardant à des milliers de kilomètres de la France est au mieux une imbécillité, au pire un mensonge. Tant qu'il y aura des associations cultuelles ouvertement sympathisantes de l'État islamique, appelant à soustraire les femmes à l'espace public, affichant à peine d'antisémitisme ce qu'il faut pour ne pas violer la loi, et recevant pitance rubis sur l'ongle d'États tiers promoteurs de l'obscurantisme, aucune guerre contre le terrorisme ne sera efficace.

L'idée d'écrire ce livre s'est imposée comme une évidence après le carnage du 13 novembre. L'heure qui a précédée les attentats, nous l'avons passée ensemble, Thomas Misrachi et moi, dans une brasserie parisienne. Un « verre » entre amis et confrères que nous aurions pu prendre au Carillon, à la Belle Équipe ou dans n'importe quelle terrasse ciblée par les terroristes. Thomas me parlait de son début de collaboration avec les Éditions Ring et de la collection « Document » dont il est le directeur, avant de rentrer chez lui regarder le match France-Allemagne qui se jouait au Stade de France. Lorsque nous nous sommes revus, quelques jours plus tard, c'était pour parler de 13, nombre maudit et titre de ce livre, du destin tragique où cette nuit meurtrière a propulsé les habitants de la capitale, et de ce que nous, journalistes et témoins des tumultes de notre époque, pouvions faire pour que jamais la petite histoire de cet acte de guerre ne tombe dans l'oubli.

Cet ouvrage se veut un instantané de la France la nuit du 13 novembre. Il est accroché au souffle de ses témoins, tous différents mais unis par le même destin tragique pendant quelques heures. Leurs témoignages tentent de figer ce qu'ils peuvent de mémoire, de rassembler les fragments, de s'assurer de ce qu'il ont vu, entendu ou vécu. Tous veulent comprendre, simplement comprendre. Il n'a pas été facile de recueillir tous ces récits, car toute guerre apporte son lot d'héroïsmes comme de redditions, de lâchetés et d'opportunisme. Certains éprouvaient le besoin de se confier, comme une catharsis salvatrice lorsque l'on a frôlé de si près la mort, d'autres avaient encore besoin de silence pour panser leurs plaies. D'autres encore ont cédé à la peur, ont préféré collaborer à l'Omertà, ravaler l'outrage du sort par crainte de « représailles » alors qu'ils savent mieux que quiconque que le terrorisme frappe à l'aveuglette. Pis encore, cet ouvrage a permis de découvrir qu'avoir été touché par la tragédie n'entame pas toujours le sens des affaires. Certains ont vu en ces évènements un moyen de monnayer leurs tristes histoires : « j'ai aidé les pompiers, ça ne vaut pas rien », nous a dit l'une des personnes approchées, dont le témoignage ne figure naturellement parmi les 13 sélectionnés dans ce livre.

La recherche des bribes de cette maudite nuit du 13 novembre s'est aussi heurtée à la bureaucratie française. Les policiers présents sur le terrain, dont le témoignage aurait été si précieux, se montrent réticents à parler par crainte de sanctions hiérarchiques. La hiérarchie, elle, répond aux abonnés absents. C'est grâce à l'obstination et à l'abnégation dont Thomas Misrachi a fait preuve pour la réalisation de ce projet que M. Dimitri Kalinine a consenti à livrer son précieux témoignage de commissaire du 3ᵉ arrondissement, sans lequel cet ouvrage aurait été incomplet. Ces contraintes sont éloquentes quant à la psychose qui s'est installée en France depuis les attentats du 7 janvier. Méfiance et peur compliquent l'accès à l'information, pourtant un droit en toute démocratie. Le silence est malheureusement l'allié des coupables, des terroristes et de leurs sympathisants, des négationnistes des attentats, des révisionnistes du djihadisme, des crédules de la théorie du complot et de tous ceux qui, par leurs petites lâchetés et démissions, ont permis au cancer de l'islamisme de métastaser dans notre société.

Zineb El Rhazoui
Paris, 2 mars 2016

I

DE *CHARLIE HEBDO* AU 13 NOVEMBRE

« Pour moi, le 13 novembre a commencé dès 9 h 00, à l'hôpital Necker où se tenait ce que l'on appelle un exercice sur table. »

Patrick Pelloux, médecin urgentiste, assiste au siège du Samu à une simulation d'attentat en présence de ses collègues, des pompiers de Paris et des policiers de la Brigade de recherche et d'intervention, la BRI. Le scénario imaginaire du jour, c'est une attaque terroriste simultanée contre plusieurs sites de la capitale. Mais ce qui est encore inimaginable pour ces professionnels du secourisme, c'est qu'ils allaient devoir mettre l'exercice en application le soir-même.

« Il ne s'agissait pas d'une mise en situation, mais d'une réflexion sur la façon de gérer une éventuelle crise. Les participants devaient appeler en temps réel pour savoir quels étaient les effectifs opérationnels au sein des différents services, combien de blocs opératoires étaient disponibles, etc. »

Patrick, avec ses vingt-cinq années de métier, est l'un des précurseurs de la médecine d'afflux massif en France. Il a vu naître ce type d'exercices après les attentats terroristes de 1986. Face aux attaques menées par le Front Islamique du Salut, le FIS, et le Groupe Islamique Armé, le GIA, les services de secours avaient pris conscience qu'ils n'étaient ni coordonnés, ni entraînés pour gérer ces crises.

« Depuis, nous en faisons deux ou trois fois par an. »

Patrick adore recevoir. Depuis les attentats du 7 janvier 2015 à *Charlie Hebdo* son appartement parisien ne désemplit pas.

« Je t'ai fait de la lote et des pâtes aux truffes, tu verras, c'est très bon. »

C'est en préparant le dîner qu'il raconte ses souvenirs du 13 novembre, et revient sur sa décision de quitter le journal à la fin de janvier 2016 après treize années de collaboration, « de toute façon, le journal que j'aimais est mort ». Absent à la réunion de rédaction où les frères Kouachi ont fait irruption, il arrive sur les lieux quelques minutes après le massacre avec le professeur Tourtier.

« Nous étions en moto pas loin, et nous n'avions pas de matériel médical sur nous. »

Il se souvient encore de l'odeur de poudre dans la petite salle où il a dû enjamber les cadavres de ses amis pour organiser le secours de ceux qui pouvaient encore être sauvés.

« Je sentais en mon for intérieur que j'étais coupé en deux. Je devais cantonner mes sentiments dans une partie verrouillée de moi-même pour essayer d'être professionnel. »

Patrick se décrit une digue qu'il fallait empêcher de céder, tant que les blouses blanches n'étaient pas encore arrivées.

« J'ai fait le *damage control* quoi ! Je me suis tout de suite mis à côté de Charb, il avait la tête ouverte, je ne pouvais plus rien faire. Il y avait Riss à côté, il était rose, il respirait donc, je lui ai dit de rester assis, de ne pas bouger. Nicolino, il fallait lui stopper une hémorragie. »

Sans matériel, les deux urgentistes qui se trouvaient sur les lieux ont dû improviser des garrots avec les ceintures des victimes.

« Lançon m'appelait au secours, il avait tout le bas du visage qui était parti, je lui ai dit de ne pas bouger. Simon, dans l'entrée, s'était spontanément mis dans une bonne position ; comme il respirait, j'ai préféré ne pas y toucher en attendant les secours. L'émotion me submergeait, mais je me disais : pas tout de suite. Oui, oui, c'est Cabu, il est mort, Elsa est morte, Mustapha est mort, mais dissocie ton cerveau et concentre-toi. »

Au moment où il voit les pompiers arriver, Patrick s'effondre enfin.

« Je me suis assis par terre, et je crois que je t'ai eue au téléphone », ses pleurs se faisaient entendre dans toute la rédaction, des cris de douleurs qui ne laissent aucun doute à celui qui les entend à l'autre bout du fil sur le drame qui venait de se produire. Mais Patrick ne s'en souvient pas.

« Il y a des moments où le cerveau disjoncte pour ne pas enregistrer. »

« Ce que j'ai vécu à *Charlie* m'a aidé pour le 13 novembre. Je suis aujourd'hui très réceptif à ce qui doit être fait. Je trouve que l'on ne modernise pas assez les prises en charge des victimes : il faut la rapidité, ne pas laisser les gens sur place longtemps. »

À *Charlie,* les victimes avaient été laissées sur place près de cinq heures.

« Il faut aussi regrouper les gens dans les mêmes endroits dans la mesure du possible, parce qu'on a besoin d'être ensemble à ces moments-là. »

Patrick sait de quoi il parle. En janvier, il était à la fois victime et secouriste. Son deuil, il tente de le faire en accompagnant celui de ses collègues. Mais à *Charlie*, personne ne sait s'il s'est véritablement remis du choc du 7 janvier.

« Mes psys m'ont déconseillé de me retrouver dans une situation similaire, ça serait trop dangereux pour moi après ce que j'ai vécu, je pourrais être de nouveau sidéré. C'est pour ça qu'au Samu, je m'occupe de la coordination, ça me permet d'avoir une vision globale de ce qui se passe, tout en me sentant plus utile que sur le terrain où je peux sauver maximum deux ou trois personnes. »

Patrick sert le dîner et s'assied enfin pour reprendre le récit de sa journée du 13 novembre, même si le souvenir du massacre de *Charlie Hebdo* n'est jamais très loin.

À midi, la simulation est terminée, et commence une session de formation au *damage control*, une technique élaborée par l'armée américaine qui consiste à opérer un choix rapide des victimes à soigner en fonction de leurs lésions.

« Quand on arrive sur les lieux, on doit voir tout de suite si on soigne une personne ou pas. Par exemple, les gens qui ont des balles dans la tête ou dans le thorax à gauche, ce qui correspond à l'aire cardiaque, on ne peut rien faire pour eux, on ne perd donc pas de temps et on se concentre sur ceux qui peuvent être sauvés. »

Si le procédé semble évident, les services de médecine d'urgence s'étaient rendu compte après les attentats de janvier 2015 que beaucoup de praticiens n'étaient pas en mesure de l'appliquer.

« C'est une technique de guerre, alors que nous sommes des médecins civils », explique Patrick.

Lors de cette formation du 13 novembre, médecins, policiers et pompiers s'entrainent à mettre des garrots, et à prendre en charge les blessés sans les « remplir », c'est-à-dire « ne pas mettre trop de sédation, sinon ils risquent de mourir à cause des blessures hémorragiques. Il faut plutôt donner un produit pour faire cesser les saignements et acheminer le patient le plus rapidement possible vers le bloc opératoire ».

La formation se termine vers 16 h 00, et le Dr Pelloux poursuit sa journée normalement.

« Je faisais mon travail de régulation, les gens pouvaient appeler pour des accidents de la circulation, des accouchements... Il fallait les affecter à différentes unités. »

À 18 h 00, il quitte le service pour rentrer chez lui.

« J'ai avalé un morceau sur le pouce, puis j'ai rejoint une journaliste de la BBC au café d'en bas. Elle voulait me voir pour préparer un sujet sur *Charlie* un an après les attentats. »

À 21 h 25, alors qu'il est encore en plein entretien, son portable s'est mis à sonner.

« J'ai vu sept appels en absence d'un collègue du Samu, qui a fini par envoyer un SMS en quatre mots : fusillades, explosions, multi-sites. Exactement le scénario de la matinée. »

Sans réfléchir, il saute sur sa moto et retourne au Samu où il trouve une atmosphère de guerre. Le 7 janvier, c'était Jean-Luc Wallet, le directeur artistique de *Charlie Hebdo* qui l'avait appelé.

« Il m'avait dit : « On nous a attaqué, viens vite, ils sont tous par terre. » Et moi, j'avais répondu : « tu déconnes ! » J'ai répondu ça par réflexe, tellement ce qu'il m'annonçait était énorme. »

Le 13 novembre, il réagit différemment. Des massacres en plein cœur de Paris ne surprennent plus. Pour l'urgentiste qu'il est, cette réalité est dorénavant un standard professionnel.

« J'ai foncé sans me poser aucune question : fallait aller travailler. »

À 21 h 45, Patrick arrive à la salle des urgences de l'hôpital Necker.

« Il y avait une grande concentration dans la salle, comme si tout le monde se préparait au pire. »

Un confrère coordonnait déjà une partie des secours aux victimes des attentats, « j'ai décidé de le laisser faire et de m'occuper du reste, c'est-à-dire les malaises, infarctus, accidents, etc. »

Mais, très vite, les équipes se retrouvent débordées car le nombre de blessés explose.

« Le système de téléphone n'a pas vraiment fonctionné, alors les collègues dépassés se sont mis à m'appeler directement sur mon *smartphone* pour diriger les secours. »

Tout est allé très vite ce soir-là. La France entière était suspendue au bilan qui gonflait minute par minute, mais les urgentistes, eux, n'ont pas encore le temps de faire le décompte.

« Lorsque je suis arrivé à Necker vers 21 h 45, il y avait déjà énormément de victimes, notamment celles du Carillon, du Petit Cambodge, de la Bonne Bière... Et puis surtout, l'attaque au Bataclan venait de commencer. »

Rapidement, une alerte générale a été lancée à l'ensemble des médecins du Samu.

« J'ai aussi appelé le directeur général de l'Assistance publique pour déclencher ce que l'on appelle le plan blanc. Il s'agit d'une procédure qui permet de rappeler les chirurgiens, les anesthésistes, les infirmières, les aides-soignantes, les femmes de ménage… »

Mais Patrick se souvient que ce soir-là, le personnel soignant a spontanément convergé vers les hôpitaux, avant même d'avoir été appelé – « C'était assez impressionnant ».

Accrochés à leurs téléphones, les urgentistes vivaient en direct avec les victimes l'horreur de la situation.

« Les premiers appels venaient de blessés réfugiés chez des particuliers. Mais dès 22 h 00, nous avons commencé à avoir des appels du Bataclan, et on entendait ça… »

Patrick tape du bout de l'ongle sur la table en bois pour simuler le bruit des balles.

« Des tirs nourris », comme les avaient qualifiés les médias. Au Samu de Paris, jamais pareille situation d'alerte n'a été atteinte depuis des décennies.

« D'un coup, comme si Paris avait eu peur, plus personne n'a appelé. Je n'ai jamais vu ça, la courbe des appels de routine a dégringolé. »

Sans doute par décence, les Parisiens ont cessé d'encombrer les urgences dès qu'ils ont réalisé l'ampleur de ce qui se passait dans leur ville.

« Il y a quand même eu un infarctus ce soir-là, et nous avons évidemment envoyé des équipes, nous ne l'avons pas laissé tomber. »

Mais Patrick avait également dû rappeler beaucoup de patients à la raison en début de soirée. Aux cas qui pouvaient attendre, les urgentistes se contentaient de conseiller des médicaments ou leur demandaient de se présenter aux urgences lorsqu'ils le pouvaient.

« Il y a eu par exemple une dame qui a appelé pour signaler une crise de colère de son frère qui se tapait la tête contre le mur. Eh bien je savais qu'il allait vraisemblablement finir par se calmer, je lui ai simplement dit de rappeler s'il tombait par terre et ne bougeait plus. Elle n'a jamais rappelé, je suppose donc que la crise est passée. »

Les urgentistes avaient suffisamment à faire avec les victimes des attentats, et la situation devenait de plus en plus ingérable.

Sous la froideur du médecin auréolé de termes médicaux aseptisés, il y a un homme deux fois atteint par la violence terroriste de cette année 2015. En novembre, le médecin tente de prendre le dessus sur l'homme traumatisé par la perte de ses « collègues et néanmoins amis », comme les « gens de *Charlie* » avaient l'habitude de s'appeler. Jusque-là, Patrick décrivait avec détachement le déroulement de la journée, tout en préparant le dîner chez lui. Parce que le souvenir sanglant du 7 janvier est encore vivace, Patrick affronte la soirée du 13 novembre avec la diligence de celui qui gère une fatalité.

« J'ai eu des gens à l'autre bout du fil qui étaient planqués dans les faux plafonds du Bataclan et qui saignaient. Ceux-là, il a fallu leur donner des instructions médicales par téléphone pour qu'ils se soignent dans leur cachette. »

Si l'exercice sur table de la matinée s'était fait sans les blessés, il avait au moins permis d'établir rapidement des postes de secours un peu partout pour « drainer » les victimes vers les hôpitaux désignés comme base d'accueil.

« Il y a eu des histoires assez incroyables. L'une des victimes, un jeune homme blessé à la jambe, avait fait un arrêt cardiaque. Les sapeurs-pompiers ont réussi à le réanimer, ils l'ont évacué vers l'hôpital Bégin, mais sur le trajet, leur véhicule a été percuté par une voiture de police. Là, le patient a refait un arrêt cardiaque, et ils ont réussi à le sauver une seconde fois. Depuis, il s'en est sorti. »

Patrick raconte également comment les médecins ont réussi à tirer d'affaire une dame qui avait neuf balles de kalachnikov dans le corps. Du jamais vu.

« Il y avait aussi beaucoup de blessés qui sont arrivés par leurs propres moyens à Saint-Louis, à Lariboisière, à Saint-Antoine... »

Le Samu a alors dû les réaffecter à des hôpitaux qui possédaient des services de chirurgie. L'urgentiste se souvient aussi avec émotion des appels de blessés immobilisés qui imploraient l'arrivée des secours.

« Le problème, c'est que sur place, on avait des collègues qui travaillaient au milieu des tirs, avec la peur d'être touchés. »

Très vite, les services de police prennent conscience de la nécessité de protéger les secouristes.

« On a même vu arriver un contingent de militaires pour patrouiller à l'hôpital Necker », se souvient Patrick.

Une fois l'assaut du Bataclan terminé, vers minuit, la police a autorisé les secouristes à pénétrer les lieux.

« La plupart des blessés avaient été évacués par les pompiers, mais certains collègues ont quand même voulu y entrer. Ils en sont traumatisés. »

Lorsqu'il évoque ces « retours d'expérience », l'urgentiste décrit une boucherie sans nom.

« Le sol était recouvert de cinq centimètres de sang, il fallait marcher sur de l'hémoglobine. Il y avait aussi des morceaux de membres partout, parce que l'un de terroristes s'était fait sauter. »

Les médecins qui ont vu cette scène de crime affirment que les assaillants ont été d'un effroyable sadisme.

« C'était un carnage, un génocide, un crime contre l'humanité comme à Oradour-sur-Glane. Les médecins qui sont intervenus en sont restés très marqués. »

Depuis les attentats de *Charlie*, le Dr Pelloux estime que de nombreux confrères ne le comprennent pas lorsqu'il évoque son traumatisme suite à la vision d'horreur qu'il a eue.

« Les urgentistes ont tous vu des choses horribles, ils ne se sentent pas vulnérables à cette violence, ça fait partie du métier. Il y a même un côté narcissique dans la profession qui consiste à se considérer comme au-dessus de tout ça. »

Pour les médecins qui sont entrés au Bataclan, la vision d'horreur est bien réelle.

« Ils ont compris ce que j'ai vécu en janvier. »

En vingt-cinq ans de métier, Patrick pensait avoir tout vu, les joies, les miracles, les drames et les tragédies, mais pas une année ne ressemblait à 2015. « État de guerre » n'est pas un vain mot, les urgentistes le savent.

« Nous avons déjà vu des blessures par balles de petits règlements de comptes entre caïds, des blessures de pistolets qui faisaient des petits trous, même parfois des blessures de balles un peu plus importantes, mais jamais de carnages à la kalachnikov. »

Avec l'annonce de cent-vingt-neuf morts dès la nuit du 13 novembre, il y avait un risque de voir le bilan des décès augmenter dans les jours suivants. Il n'y aura finalement qu'un mort de plus.

« C'est parce que l'évacuation était rapide et que les blessés ont été envoyés aux services où la chirurgie était la plus rapide possible. Une heure environ après la fin de l'assaut, tout le monde était affecté au bon endroit. »

Pour Patrick, cette partie de l'opération de sauvetage a très bien marché.

« Raisonnablement, je pense que nous avons pu sauver soixante-dix à quatre-vingts personnes de la mort. Mais nous ne sommes pas des héros, c'est le système de secourisme qui est héroïque. Les héros, ce sont les policiers qui sont entrés au Bataclan par exemple. »

Ce qui a moins bien fonctionné à ses yeux, c'est la présence médicale sur les lieux qui aurait pu être plus opérationnelle plus rapidement, mais surtout la coordination de l'ensemble.

« On ne peut pas continuer à avoir un commandement de la police, un commandement des pompiers, un commandement des urgences... Dans une situation de guerre comme on la vit, il faut un chef des armées. Normalement c'est le préfet ou son représentant qui en assure la fonction, mais il faut reconnaître que ça ne marche pas. »

Pourtant, police, Samu et pompiers étaient bien ensemble le matin-même, comme pour une répétition du scénario catastrophe de cette nuit du 13 novembre.

« Il y a une différence entre l'exercice sur table où tout le monde est d'accord, et la réalité avec son cortège de mourants, de corps... Dans un exercice, on a le temps de réfléchir à ce qu'on doit faire. »

Le temps allait s'écouler très lentement le reste de la nuit. Une fois que les opérations de secourisme avaient pris fin, une longue nuit d'attente allait commencer.

« Nous craignions d'autres attentats », explique Patrick.

Finalement, à 6 h 00 du matin, la police informe le Samu que « Paris est calme » ; *a priori*, il ne se passera plus rien, ce soir-là du moins. Cette nuit d'horreurs se terminait enfin, même si le travail de résurrection ne faisait que commencer pour tous ceux qui venaient d'échapper à une mort certaine.

« Je suis sorti du service vers 7 h 00 du matin, et je n'ai croisé personne de Necker à chez moi, alors qu'il faut pratiquement traverser Paris. Il y avait énormément de voitures de police partout, elles guettaient le moindre mouvement suspect dans le silence de la ville. »

Arrivé chez lui, Patrick passe devant le centre de transfusion sanguine voisin, « il y avait déjà une file d'attente qui faisait tout le trottoir ».

Les Parisiens s'étaient levés tôt pour donner leur sang ; le Dr Pelloux pouvait dormir tranquille.

Comme ses chers « collègues et néanmoins amis », Patrick a fait beaucoup de cauchemars en 2015. Peurs enfouies, culpabilité d'avoir survécu, cette violence onirique est l'un des symptômes les plus marquants du psycho-traumatisme subi lors d'un choc aussi brutal qu'un attentat. C'est aussi une façon pour l'esprit d'évacuer une douleur indéfinissable, indicible. Après les attentats de janvier, il dénonçait déjà des défaillances en matière de prise en charge psychologique.

« Là, pour les attentats de novembre, nous avons eu d'emblée près d'un millier de personnes à gérer. Ça a été très mal fait, avec beaucoup d'amateurisme. »

Beaucoup de survivants, rescapés de l'horreur, auraient eu besoin d'une prise en charge psychologique immédiate, mais n'ont vu aucun thérapeute à ce jour. Quelques jours après les attentats, la population en demande d'un suivi psychologique atteint une ampleur sans précédent.

« Quatre-mille personnes nécessitaient un suivi dans les trois jours qui ont suivi les attaques, mais beaucoup ont vu un premier psychiatre ou psychologue et n'ont pas accroché. Certains ont vu jusqu'à cinq praticiens, ce qui n'est pas compatible avec un suivi efficace. »

Face à une telle demande, des psychologues des grandes villes ont afflué vers la capitale et « cela signifie qu'ils ne pourront pas voir les patients sur le long terme », précise Patrick, estimant que la prise en charge psychologique ne doit pas être considérée comme un luxe dans un pareil contexte de guerre, car elle est intimement liée à la psyché et au social, donc à la réadaptation à la vie en société et à l'emploi.

« J'ai récupéré un type avant-hier, un gars qui tient un bar à Pigalle et qui était ami avec les Death Metal. Il assistait au concert, et il a miraculeusement eu la vie sauve. Il est rentré chez lui après l'attaque, et n'a pas réussi à ressortir avant le 29 décembre, tellement il avait peur. »

D'après le Dr Pelloux, il y a un réel besoin de modernisation des systèmes de prise en charge.

« Le psycho-traumatisme, c'est lorsque le cerveau est confronté par ses activités sensorielles et psychiques à quelque chose d'abominable. Certains neurophysiologistes expliquent que c'est un peu comme une fracture d'os. En fait, le cerveau et les connexions cérébrales se cassent. »

Et les victimes ne sont pas les seules concernées. Dès le mercredi 18 novembre, une cellule psychologique a été mise en place à l'hôpital Hôtel-Dieu à Paris pour accueillir les professionnels qui étaient intervenus lors des attentats.

« Il y avait des policiers qui étaient traumatisés, certains d'entre eux n'avaient encore jamais tiré une seule fois avec leur arme à feu. Beaucoup de sapeurs-pompiers avaient besoin de parler, ceux qui étaient entrés au Bataclan étaient traumatisés de voir autant de cadavres de leur âge. »

Comme si le terrorisme devenait une routine, Patrick pense déjà aux prochaines fois.

« Puisque c'est un hôpital qui est maintenant vide et qui se trouve au centre de Paris, nous avons proposé que l'Hôtel-Dieu serve justement à la prise en charge des psycho-traumatismes. En cas d'attaque, il pourrait servir de lieu de regroupement et de suivi pour les victimes. »

Car pour lui, il n'y a aucun doute : d'autres attaques auront lieu.

« Tant qu'il n'y a aucun changement politique du côté des donneurs d'ordres, et comme ici il y a un tas de personnes prêtes à passer à l'acte, je suis quasi certain qu'on n'en a pas fini avec le terrorisme. »

Au dessert, Patrick a prévu une énorme corbeille de clémentines. Il devait être en train d'éplucher la cinquième lorsqu'il revient à *Charlie*.

« Tu vois, en janvier, j'ai été confronté à ma propre incompétence, à l'incompétence de la médecine en fait. J'ai vu ceux que j'aime morts, et je ne pouvais rien faire. »

Aussi brutalement que le terrorisme a dévasté une partie de sa vie, il s'est établi dans sa carrière de médecin urgentiste comme une donnée pérenne. Sa spécialisation en médecine d'afflux massif prend plus sens que jamais.

« C'est pour ça que j'essaye de penser à la façon la plus globale de prendre en charge les victimes, nous devons avoir conscience que le contexte a changé, nous ne pouvons plus fonctionner comme avant. Elles sont bonnes, non ? » dit-il en mâchant sa clémentine.

Avec Patrick, l'humour n'est jamais très loin, même pour aborder les sujets les plus tragiques.

« Tu vois, depuis janvier, je me balade avec un garrot sur moi en permanence. Si, si, je t'assure. »

Il se lève et va chercher l'objet dans la poche de sa veste :

« Voilà, ça, c'est un garrot à tourniquet. »

Le dîner maison se termine en démonstration médicale, « si t'as une balle là, on peut pas faire grand-chose, enfin si, on peut quand même te faire un truc. Mais si t'as une balle là, je te mets le garrot ici, comme ça... »

En serrant le tourniquet autour de mon bras, Patrick se rend soudain compte du burlesque de la situation et éclate de rire :

« Heureusement que je n'ai pas eu à te faire ça en janvier ! »

II

KISS THE DEVIL

Cent-trente morts, cent-trente noms, cent-trente visages.

Le 27 novembre a lieu la cérémonie d'hommage aux victimes du 13. Jérémy Maccaud, rescapé du Bataclan et témoin du carnage y est invité. Deux semaines se sont écoulées depuis les attentats, deux semaines d'invulnérabilité, deux semaines où Jérémy évolue dans la virtualité qu'il a mise en place pour se protéger.

Et là, « cent-trente morts, cent-trente noms, cent-trente visages, le même âge ou à peu près, le même style de vie, les mêmes goûts que moi. Il ne s'agit pas de ranger les gens dans les cases mais ça devenait facile de s'identifier à eux. Aimer la même musique, c'est déjà un gros point commun. Cette identification m'a fait sortir de ma bulle. Cette virtualité que je m'étais inventée vole en éclat, je me prends tout en pleine gueule. »

Toute l'horreur lui revient en tête : les tirs, la fuite, la loge où il a trouvé refuge, les moments d'attente et d'angoisse, la traversée de la salle, les corps mutilés, l'air qu'on peut enfin respirer, et, quand tout est fini, être en vie malgré tout.

« Mon réflexe de protection fut d'imaginer que tout cela n'avait pas été réel ; ce charnier, ces bouts de corps éparpillés, c'est un mauvais cauchemar, un film d'horreur, un jeu vidéo un peu trop gore. J'ai peut-être vu trop de fictions ressemblant à cela dans mon adolescence. »

Il ne s'agit hélas plus de jeux vidéo, de simulacre ludique où, derrière l'écran protecteur, on peut tirer sur des cibles qui cent fois se relèveront. C'est la réalité, crue et incroyable, qui dynamite l'imagination, bien davantage que ce que peuvent créer ces jeux irréels, puisque les cibles sont ici humaines, et l'« écran protecteur » qu'on se forge, le seul qui puisse exister, *le déni*, ne peut qu'être éphémère.

Le 14 novembre 2015, l'ambiance est festive. Le sommeil, gagné à coups de Xanax, n'aura duré que quatre heures, quatre heures pour passer de la nuit d'horreur à un jour nouveau. Le père et le frère de Nawal, la petite-amie de Jérémy, sont venus les rejoindre pour le week-end. C'était prévu de longue date et il n'y avait aucune raison pour les priver de cette escapade. Ils déjeunent copieusement et se font plaisir avec de bonnes bouteilles.

« Ma meilleure amie Laurie arrive à ce moment-là, et d'autres aussi. On se retrouve à être une quinzaine de personnes à faire une fête, à se marrer, à boire du bon vin, à trinquer à la vie. On trouve que la vie est belle bien que quelques heures avant on se faisait massacrer lâchement et froidement, on se faisait tirer dessus dans le dos. »

Jérémy est saturé d'adrénaline. Sa drogue : avoir survécu et, surtout, le savoir, le réaliser, profiter de l'insolente chance qu'il a d'être toujours présent.

« Putain, j'ai survécu à ça, ça tient à tellement peu de choses, tout tient à un fil, ce qui nous donne, après, cet incroyable sentiment d'invincibilité, totalement fou, totalement injustifié – scandaleux, même – qui nous porte les premiers jours. »

La vie n'est plus cet acte routinier qui consiste à respirer et alimenter la pompe cardiaque, à se satisfaire des bons moments et déplorer les mauvais. L'homme qui revient des enfers ressort ivre des possibles qui s'offrent désormais à lui, gonflé non pas d'une forme d'héroïsme ou de bravoure, car il est conscient de ne pas être l'artisan de sa propre survie, mais simplement armé de la jouissance de ne pas avoir été annihilé par l'abject, d'être celui que la vie a protégé afin qu'il puisse l'exalter ensuite, lui rendre hommage, et cette jouissance lui donne une cuirasse qui apparaît inaltérable.

Il a survécu alors que d'autres, à côté de lui, sont morts. Pourquoi lui plutôt qu'eux ? L'heure n'est pas à de telles interrogations. Il vient de vivre l'horreur, rien de pire maintenant ne peut lui arriver.

Au cours de la tuerie et juste après, par son témoignage immédiat et nanti de sa double qualité de témoin et de journaliste, Jérémy a reçu des messages de la terre entière, d'amis, de la famille mais aussi d'inconnus du bout du monde. Des mots de soutien, des cœurs, des encouragements, des pensées, qu'il continue encore de recevoir. Tant d'empathie et d'attention contrastent furieusement avec la cruauté des terroristes. Le pire et le meilleur de l'humanité se présentent à lui. Son esprit se transforme en champ de bataille entre ces deux antagonismes immémoriaux.

« Ces messages dégageaient tellement d'amour et de bienveillance que, les premiers jours, quand je voyais les images terribles qui tournaient en boucle, partout, je parvenais à les mettre de côté et à plutôt faire défiler toutes ces preuves de bienveillance. »

Quant à la colère, elle reste tapie, au fond des tripes, sans parvenir à s'exprimer. À plusieurs reprises, au cours de cette période d'euphorie, des larmes ne demandent qu'à jaillir, elles sont là, bloquées comme des otages dans le canal lacrymal. Le chagrin est là aussi mais ne parvient pas non plus à se libérer. Le contrecoup n'est pas encore arrivé. Quinze jours suspendus dans l'irréalité...

Le 13 novembre, Jérémy retrouve son oncle Jean-Charles, Fabienne, la compagne de ce dernier et son ami Julien, journaliste tout comme lui, au Bataclan Café avant de se rendre dans la salle de spectacle. Les Eagles of Death of Metal sont un des groupes de rock préférés du jeune homme, et il suit cette bande au chanteur charismatique depuis de nombreuses années en allant régulièrement à leurs concerts parisiens.

La conversation est animée, ils ne se sont pas vus depuis longtemps. Ils évoquent notamment les attentats de *Charlie Hebdo* sur lesquels Julien avait travaillé. Est-ce peut-être à la suite de cette conversation que « Fabi » note qu'ils n'ont pas été fouillés à l'entrée de la salle de concert ? Qu'importe, puisqu'à ce moment de la soirée, la remarque n'est qu'anodine, les attentats de janvier sont loin, et le Bataclan est une petite salle comme tant d'autres.

Les quatre amis se placent devant la scène, à son extrémité droite, au niveau du rideau. Le coin est relativement tranquille et on n'y risque pas d'être happé par la foule ; c'est le souci de Fabienne, qui est un peu claustrophobe.

C'est – entre autres choses – le choix de cet emplacement qui, en leur laissant la possibilité de fuir, leur sauvera la vie.

« Il est 20 h 58 très précisément quand le groupe arrive sur scène, je le sais, car c'est ma première photo. »

Jesse Hugues, le chanteur, en fait des tonnes, plus que d'habitude. Il s'adresse au public, balance des médiators aux spectateurs et discourt entre chaque morceau quand arrive, comme une incantation, la chanson *Save A Prayer* dont le refrain dit : « *Don't save a prayer for me now, save it till the morning after*[1]. »

1 « Ne fais pas une prière pour moi ce soir, garde-la pour demain. »

« Je sens mon portable qui vibre dans la poche. Les messages sont répétés, un peu trop même… Alors je finis par répondre, c'est un SMS de ma petite-amie, également journaliste, qui me dit : « J'espère que tu es loin de République, il y a une fusillade qui vient d'éclater. » Je suis à côté, je ne m'inquiète pas. Il est 21 h 46, je recommence à danser et chanter. »

C'est à présent la chanson *Kiss the Devil* qui retentit. Embrasse le diable.

« Quelques secondes plus tard à peine, j'entends des détonations, et comme j'ai encore ce texto à l'esprit, je n'hésite pas, je sais que derrière moi, c'est la mort, je réagis immédiatement, je bouscule un vigile, je réussis à monter sur la scène et à me cacher derrière un ampli. Je sais de quoi il s'agit, je sais ce qui se passe. Puis je me retourne enfin, comme beaucoup de gens pensant que ces détonations faisaient partie du spectacle. Le chanteur dira après coup qu'il avait instantanément reconnu le bruit d'une arme. Je revois l'incrédulité sur son visage, quand il est resté immobile, quelques brefs instants. »

Tout se passe alors très vite. Au milieu des tirs d'armes automatiques, des hurlements et du chaos, Jérémy ne cherche même pas à se retourner pour empoigner Julien, son oncle ou sa tante.

« C'est l'instinct de survie, pas de questionnement, pas de réflexion. Qu'aurais-je pu faire ? Revenir en arrière, c'est la mort. »

Il est bientôt rejoint par le bassiste du groupe Matt McJunkins et tous deux avisent une porte, espérant qu'elle les mène à une sortie de secours, vers l'extérieur, vers la liberté. Il n'en est rien. Ils se retrouvent dans un escalier circulaire qui mène au balcon, et le montent et tombent nez à nez avec un groupe de personnes effrayées le descendant. Ils se retrouvent piégés au beau milieu des marches, bousculés par les spectateurs en fuite, sur fond de cris et de tirs en rafale.

Il y a une porte, une issue au beau milieu de cet escalier qui tourne en rond. « On s'engouffre à trente ou quarante dans ce qui semble être une loge. Il y a des verres dans une bassine, un magnum de Ruinart, un lavabo, des petits canapés. Les gens s'entassent de plus en plus, un blessé par balles entre également, et tombe dans l'embrasure de la porte. On ne peut pas la fermer. À ce moment-là, je me trouve coincé entre le frigo et le magnum de champagne. Je prends mon portable pour écrire un SMS à ma petite amie et lui dire que je l'aime. Entre le moment où elle m'a écrit le texto pour m'avertir de la fusillade à République et le moment où je reviens vers elle, il s'est passé exactement huit minutes, huit minutes excessivement longues. »

Il est 21 h 54 et depuis les premières détonations entendues dans la fosse, les tirs ont été continuels. Le bruit infernal ne s'est pas arrêté un seul moment, des profusions de balles sont tirées sans répit par des assaillants qui, manifestement, se relaient pour que jamais les projectiles ne cessent de tuer, de déchiqueter, d'éventrer et de provoquer l'effroi. Ce vacarme martyrise les tympans, résonnent dans le crâne et s'infiltre dans les os comme s'ils voulaient, juste par le bruit, faire exploser les corps et rendre fous ceux qui pourraient y survivre.

Dans la loge, quarante personnes sont entassées, dont des blessés. La peur est palpable et comme toute peur, elle engendre des réactions différentes et de multiples mécanismes pour tenter de la contrer. Certains hurlent, d'autres restent calmes, presque hagards, les blessés gémissent, certains veulent engager le combat et une petite résistance s'organise. « Un des premiers réflexes a consisté à prendre le magnum de champagne et à le donner aux personnes restées au dehors de la loge, pour le faire passer de main en main jusqu'aux personnes les plus proches du danger, pour qu'elles aient un semblant d'arme. » Opposer aux ceintures de dynamite et aux kalachnikovs une bouteille d'alcool, c'est déjà brandir une certaine ironie comme arme de guerre... Dérisoire mais audacieux.

« À aucun moment, je ne voulais être à genoux à attendre. J'ai même enlevé ma ceinture pour me parer à l'éventualité de frapper avec sa boucle en métal. Puis nous avons même essayé de déplacer le frigo pour le mettre devant la porte. En vain. »

Les cloîtrés de la loge vivent au rythme des tirs. Ceux-ci se font d'un coup plus sporadiques, puis Jérémy entend deux types de feux bien distincts. Il est alors persuadé que la police a fait irruption dans le Bataclan. L'espoir renaît, mais, soudain, une explosion. Une énorme explosion qui laisse présager la fin pour tous :

« On se demande ce que c'est, on pense que les murs vont s'effondrer, qu'ils vont nous envoyer des grenades, chercher à faire exploser la porte, venir nous chercher. Ça y est, ça va être notre tour. »

Il est à peu près 22 h 10.

Effectivement, les procès-verbaux révèleront que les premiers policiers, deux membres de la BAC en patrouille, sont entrés au Bataclan vers 22 h 00, dix minutes après avoir appris par radio qu'une fusillade y avait éclaté. C'est quelques minutes plus tard, après plusieurs échanges de tirs, que l'un des terroristes, Samy Amimour, fait exploser sa ceinture de dynamite. Sur la scène.

Jérémy et ses compagnons d'infortune ne peuvent savoir ce qui se passe. Ils sont figés par la détonation, attendent, jusqu'à ce qu'ils n'entendent plus rien. L'explosion a mis fin aux rafales de tirs pour laisser place à un grand silence. Un silence qui durera environ deux heures. Les voilà plongés dans un monde où l'on se fait discret, où l'on guette le moindre crissement, le moindre chuchotement, l'infime son qui viendrait apporter une réponse, quelle qu'elle soit, bonne ou mauvaise.

« On entendait parfois des frottements, des cris. Je ne sais pas ce que ça pouvait être : des blessés agonisants, des terroristes face à leurs otages, des policiers qui bougeaient ? Je ne préfère pas savoir. »

Jérémy parvient à joindre son ami Julien au téléphone. Lui s'en est déjà sorti, en faisant le mort. Un vivant qui mime les deux cadavres qui l'entourent afin d'échapper au tir qui viendrait l'achever. Il a pu s'échapper et se trouve maintenant près de la station de métro Filles du Calvaire aux côtés de policiers.

« Il est mon lien direct avec ce qui se passe à l'extérieur. Je ne sais pas ce qui va m'arriver. Je n'ai pas de nouvelles de mes parents, et je me dis qu'ils devaient certainement déjà dormir, ce qui n'est pas plus mal. Je lui envoie des messages lapidaires, des consignes au cas où je ne m'en sortirais pas, comme dire à mes parents que je les aime. Je ne me voyais pas l'écrire directement à ma mère. »

La loge se transforme peu à peu en semblant de garnison. Une garnison assiégée. Tout huis clos est une microsociété qui génère ses propres lois et là, en climat de guerre, se greffe à l'entraide et la solidarité, l'impérieux besoin d'instaurer un ordre. Des personnes demandent aux autres otages de garder leur calme, ordonnent à ceux qui font du bruit de se taire, jettent même un portable trop sonore dans l'eau.

« Globalement, c'est deux heures de calme et d'anxiété. Tout le monde se retrouve dans sa bulle, chacun est sur son portable. Moi, j'écris à ma petite amie, à mon rédacteur en chef, je suis les mails du fil police-justice. Je fais passer l'info de ne rien dire de notre position à qui que ce soit. Mais j'ai le sentiment qu'après avoir fait le maximum de dégâts en bas, on n'était plus dans leur ligne de mire. »

L'air du petit espace où sont confinés ces quarante personnes devient inévitablement irrespirable. Quarante corps qui dégagent une chaleur âcre, dégoulinants de sueur, de peur et de larmes. Certains se font dessus. Il y a des blessés dont les plaies suintent. On étouffe, on suffoque, on brûle comme en enfer, on respire un peu, suffisamment pour ne pas crever. Les narines sont saturées d'odeur de transpirations animales et de pisse de trouille. Certains essaient de se hisser pour chercher de l'air moins vicié. Jérémy, lui, n'a pas la force. Il s'extraie de cette réalité en s'enfermant dans son propre monde, avec son portable. Juste avant le concert, il avait posté une photo sur Instagram et, l'information aidant, il reçoit très vite des messages de sympathie et d'encouragement du monde entier. Ce n'est qu'après coup que le jeune homme goûtera la saveur de ces mots bienveillants. Pour le moment, il n'a qu'un souci en tête concernant son téléphone : garder le plus de batterie possible pour continuer de communiquer avec Nawal.

Il relève la tête et croise le regard du bassiste qui lui fait face. Ceux qui ont fui ensemble n'ont jusqu'à maintenant que peu échangé. Jérémy lui lance : « J'aimais mieux ton concert du mois de juin. » Surpris, le musicien reste un bref instant interloqué puis acquiesce. Et tous deux éclatent d'un rire sonore, s'étreignent et se tiennent la main un moment pour se donner de la force. L'échange dure une cinquantaine de secondes, une détente nécessaire, cinquante secondes où le chaos est suspendu.

« En tant que journaliste, je repense aux prises d'otages, aux attentats et comme je vois que l'AFP balance qu'il y a une prise d'otage aux Bataclan, je comprends que nos assaillants sont dans la phase où ils doivent en découdre avec les policiers, et que ça se terminera par leur mort, comme à chaque fois. »

Le téléphone est l'élément capital de la survie de Jérémy. Il lit les informations qui tombent froidement, sans circonvolutions narratives, alors qu'il est lui-même dans le labyrinthe infernal dont les dépêches parlent. Le journaliste se trouve de l'autre côté de la barrière. Lui, qui a fait métier du traitement des dépêches, vit cette fois-ci les évènements. Il est cette fois dans la peau d'une proie traquée par la faim du scoop. « Certains de mes collègues, d'anciens amis se comportent comme des charognards, veulent le numéro de mon pote Julien, me demandent si je voudrais témoigner sans même me demander comment je vais. On me sollicite alors que je suis encore otage. Ils m'ont déçu, mais je ne leur en tiens pas forcément rigueur. » *The show must go on.*

« À 00 h 07, j'écris à Nawal pour lui dire que les policiers sont là. C'est un sentiment fou de soulagement. J'entends la voix d'une policière. Ordre est donné d'évacuer les blessés et les femmes d'abord. Un mouvement de foule nous pousse vers l'escalier et je vois ce flic, petite, en chemise à carreaux blancs et bleus. Je la remercie. Un policier se trouve plus bas, je le regarde, je le remercie. Il faut lever les mains. »

Mains en l'air, tous les otages descendent les escaliers et passent par la salle de concert pour ressortir. Jérémy a un réflexe :

« Je regarde le policier et lui demande : « Qu'est-ce qu'il ne faut pas voir, qu'est-ce qu'il ne faut pas regarder ? » Il ne répond pas. Après quelques marches, on arrive au niveau de la scène. La première chose que je vois, c'est le corps déchiqueté du kamikaze : il y a son bras et la moitié de son crâne baignant dans une mare de sang sur la scène. Je vois la moitié de son visage rond, un visage très juvénile. Aujourd'hui, il n'y a pas une putain d'heure qui passe sans que je ne revoie ce visage. Je me concentre sur le cordon sanitaire mis en place pour nous mener dehors. Je ressors par la petite porte par laquelle j'étais entré. Je vois un corps démembré. Je ne peux pas m'empêcher de regarder dans la fosse. Je vois une quinzaine de corps empilés les uns sur les autres, des mares de sang hallucinantes. »

Un carnage. Un charnier à l'endroit même où il dansait quelques heures plus tôt. Des morceaux de chairs ont explosé à travers toute la salle. Il a suffi de trois hommes pour dévaster des centaines de vies. On comptabilisera en tout quatre-vingt-dix morts et des dizaines de personnes grièvement blessées. La fosse, les balcons, rien n'a été épargné. Les kamikazes ont bien profité. Ils ont organisé leur spectacle macabre dans une salle dédiée aux spectacles de l'Occident dépravé, avec une fin en apothéose : se faire exploser, jaillir en mille morceaux pour maculer de leur empreinte leur scène du crime.

Jérémy ne sait pas où poser ses pieds. Il marche prudemment, il y a des débris partout. Du plomb, du verre, des munitions, des morceaux humains. Il craint de marcher sur un mort.

« Je tombe nez à nez sur un cadavre adossé contre un mur. Une partie de sa cervelle avait giclé un peu plus loin. Je vois très clairement le chemin qu'a emprunté la balle. Le mort a encore les yeux ouverts. Je vois un agent de la BRI qui pointe son arme sur moi avant de me fouiller. Puis je vois la porte vitrée et je ne comprends pas. Elle est en mille morceaux, rouge de sang. »

Les mains toujours levées, encadrés de policiers, les otages se retrouvent dehors, un peu hagards. Jérémy respire. Enfin. Une bouffée d'air vient emplir ses poumons grands ouverts, prêts à recevoir un nouveau souffle. Il demande alors à un policier de la BAC de sortir sa carte de presse. Il est prêt à témoigner auprès de ses collègues de BFM.

A 00 h 14, il est en direct à l'antenne, par téléphone. Il commence à raconter les horreurs auxquelles il a assisté, encore sous le choc, juste à côté d'Anne Hidalgo, la maire de Paris. Il est en pleine interview quand l'assaut est donné. Il est 00 h 20.

Au milieu des tirs, les policiers donnent l'ordre d'aller se réfugier dans les cages d'escalier. La panique commence à gagner tout le monde et, dans une ambiance de guerre civile, secoué par les autorités, chacun s'abrite à l'intérieur des immeubles. Des portes sont ouvertes, Jérémy demande l'hospitalité dans un premier appartement pour aller aux toilettes. Dans un second appartement, il recharge son portable.

« Y'avait tellement de monde dans cet appartement que plus personne ne faisait attention à la télé qui était restée allumée. Je regarde et je m'aperçois que c'était un film érotique qui passait. On est plongé dans l'horreur et c'est une scène de cul qu'il y a en toile de fond... »

À 1 h 40, la zone est déclarée sécurisée par la police. Les immeubles, les cages d'escaliers et les cours se vident progressivement. Jérémy parvient à avoir sa mère. Ses parents dormaient et n'ont donc pas suivi le déroulement de la soirée, ils n'ont pas eu à s'inquiéter pour leur fils. « C'est une chance. »

Jérémy donne son identité aux policiers, comme tous les otages, avant d'être pris en charge par un agent de la protection civile qui lui indique qu'un bus est spécialement affrété pour les mener vers une cellule psychologique.

« Il parle dans le vide. Moi, je veux me rendre à BFM, mon lieu de travail. Ma petite amie s'y trouve. Il est environ deux heures quand j'erre dans la rue Oberkampf comme un zombie alors que les policiers sont encore là, et qu'on soigne des gens à terre. C'est une scène de guerre, un hôpital à ciel ouvert. Il y a des blessés, je vois des linceuls. En temps normal, j'aurais hurlé comme n'importe qui, mais là, tout me paraît « soft » en comparaison du charnier que j'ai vu à l'intérieur. Voir du sang et un cadavre par terre, ça ne me fait plus rien. Et puis il y a l'adrénaline, l'euphorie d'être encore en vie, qui dope. Plutôt eux que moi. Et au milieu de l'horreur, on pense à tout ce qu'on peut faire, à tout ce qu'on va faire parce qu'on est encore en vie. »

Le jeune journaliste fait un plateau sur BFM à 6 h 00, en direct, puis enchaîne avec l'émission de Jean-Jacques Bourdin à 7 h 00 sur RMC. Nawal et lui rentrent chez eux à 8 h 00 du matin. Puis ce sont quinze jours d'état de grâce, d'euphorie, où l'on surjoue la vie. Bien sûr, quelques failles sont apparues durant cette période. On fuit le regard des siens, on fuit tout court. Mais ça ne dure qu'un temps. Après la commémoration, Jérémy se retrouve face à une colère et un désarroi qu'il ne peut plus maîtriser.

« Un soir, j'ai pété un plomb et j'ai commencé à donner des coups de poings dans la porte sans raison avant de m'effondrer par terre totalement fébrile. Je n'étais plus moi, j'étais quelqu'un d'autre, j'étais fou. J'ai compris que le contrecoup était arrivé. Je commençais à broyer du noir, je me disais que je ne m'en sortirai pas. J'ai pris rendez-vous avec un psychiatre. »

Jérémy apprend progressivement à détourner la rage qu'il porte en lui vers son véritable objet : les attentats.

« Ma colère ressortait n'importe comment, et contre n'importe quoi. J'estimais que je n'avais pas de colère réelle contre les terroristes car ils n'en valaient pas la peine. »

Le psychiatre invite alors le jeune homme à écrire une lettre aux terroristes et à y déverser tout ce qu'il ressent. Mais rien ne sort. Blocage total.

« Je devais imprimer des papiers et le hasard a fait que mon imprimante m'a lâché à ce moment-là. J'essaie de la réparer, je pète un câble, je mets deux coups de pieds dedans et la balance dans la rue. Et là, je me dis : « Je suis trop énervé, il faut que j'en profite. » En vingt minutes, j'ai pondu trois pages, je me suis souvenu au cours de l'exercice que j'avais écrit sur Twitter pendant les tirs : « Putain de terroriste, je t'encule », ce que j'avais effacé par la suite. Ça m'a fait du bien. J'écris ce que je pourrais faire à ces gens s'ils étaient encore en vie. Je leur souhaite une mort lente, je veux casser leur croyance, casser leurs rêves, les faire mourir misérables, sans idéal. Je ne savais pas que taper dans la porte, c'était ça. »

Jérémy est mal à l'aise à l'évocation des noms, de l'âge et du parcours des terroristes. Faire la biographie de ses bourreaux, mettre un prénom sur leurs visages, voir sans cesse leurs profils aux informations ou dans la presse, alors qu'il ne connaît même pas le nom de la victime à la cervelle éclatée dont il a croisé le regard et qui le hantera pour toujours, voir ce défilé des bourreaux lui semble intolérable. Le mal n'aime guère l'anonymat.

Depuis, des cauchemars viennent le hanter. Il inspecte les lieux avant d'entrer dans un endroit public, repère la sortie de secours, les escaliers, les regards suspects. Il lui faut refaire l'apprentissage d'une vie « normale », celle qu'il aime, celle qu'il défend maintenant haut et fort, comme s'il s'agissait d'un acte de résistance. Retourner à des concerts, une de ses passions, fait partie de la thérapie. Un ami, Antoine, lui a proposé d'aller voir Johnny Hallyday à Bercy car les gens revendaient leurs places en raison des évènements dramatiques.

« Johnny, il faut l'avoir vu au moins une fois dans sa vie. »

Le premier réflexe de Jérémy est de décliner l'offre. Puis il saisit le regard de Nawal et son sourire complice.

« Et pourquoi pas, en fait ? »

Il comprend que ce sera pour lui un bon moyen d'exorciser sa peur. Il reprend ainsi le chemin des concerts, non sans appréhension.

« Pour Johnny, on a été sérieusement fouillé. Il y avait une imposante équipe de sécurité. J'étais rassuré, j'étais bien, à l'exception d'un petit bruit qui m'a fait sursauter. Après Johnny, je suis également aller à un autre concert à la Boule noire ; j'ai moins aimé. La salle était petite, en sous-sol, mais il faut y aller. Sinon, ils ont gagné. Et c'est la dernière chose dont j'ai envie. »

« J'ai été sauvé par un texto. Par Nawal. C'est ce message qui m'a permis de prendre immédiatement conscience du danger et de fuir. Et elle me sauve aussi au quotidien. »

Ils sont arrivés à quatre, ils sont repartis à quatre. Chacun a développé une carapace, carburant à l'adrénaline, avant de retomber dans la réalité. C'est le corps, auquel on peut rarement mentir, qui, par des stigmates, leur a religieusement rappelé ce qu'ils avaient vécu. « Pour Julien l'euphorie a duré trois jours. Quand il a commencé à se calmer, une trace de semelle de chaussure est apparue sur son visage. Quelqu'un avait marché sur sa figure au moment où il était à terre. Mon oncle était tombé en avant, il était persuadé qu'il allait recevoir une balle, il s'y préparait, il l'attendait. En fait, son corps s'y était tellement préparé qu'il est resté bloqué du dos pendant dix jours. »

Au Bataclan, l'enfer s'est ouvert sous leurs pieds au moment où Jesse Hugues entonnait *Kiss the Devil*.

« Who'll love the Devil ?
Who'll sing his song ?
Who will love the Devil and his song ?
I'll love the Devil !
I'll sing his song !
I will love the Devil and his song ![1] »

1 « Qui aimera le diable ? / Qui chantera sa chanson ? / Qui aimera le diable et sa chanson ? / Je vais aimer le diable ! / Je chanterai sa chanson ! / Je vais aimer le diable et sa chanson ! »

III

HOUARI MOSTEFAÏ

« Pour moi, c'est un monstre ! »

L'affirmation ne tombe pas froidement, car Houari ne parvient pas à réprimer l'expression de chagrin qui se dessine sur son visage. À croire Zahra, sa jeune épouse, ce masque déformé de douleur ne le quitte plus depuis le 14 novembre, jour où il a appris que son frère cadet, Omar, s'était fait exploser au Bataclan. Celui dont on n'a retrouvé qu'un doigt, c'était lui. Les yeux embués, il dépose son verre de thé à la menthe sur la table et insiste :

« Pour faire ce qu'il a fait, il faut être un monstre. Je ne comprends pas comment une personne qui a des enfants peut commettre un crime pareil. »

Houari, né en 1981 d'un père algérien et d'une mère portugaise convertie à l'islam, est l'aîné des frères Mostefaï. Omar, le troisième de la famille, naîtra en 1985 à Courcouronnes dans l'Essonne.

« Je crois même qu'il est né en novembre, je ne sais plus à quelle date, mais il allait avoir trente ans, ou bien venait de les avoir », croit se souvenir Houari, dont la mémoire est brouillée par trois ans de liens distendus avec son jeune frère, né un 21 novembre.

« J'avais des nouvelles de loin en loin par ma mère, je pensais que tout allait bien », se justifie-t-il.

La ressemblance physique est frappante ; même teint blafard, mêmes traits fins et réguliers, mêmes yeux gris aux nuances claires. Crâne rasé et barbe bien taillée, on pourrait croire que l'aîné des Mostefaï arbore un *look* à la mode islamiste s'il n'y avait Zahra à ses côtés. Sa longue chevelure noire qui lui tombe sur les épaules, ses habits branchés et son tempérament de feu ne laissent aucun doute sur le mode de vie du jeune couple ; ici, on n'est pas chez des salafistes.

« Heureusement qu'elle ne m'a pas quitté d'une semelle dans la soirée du 13 novembre, sinon j'aurais eu du mal à expliquer aux policiers que je me trouvais à quelques dizaines de mètres du Bataclan, mais que je n'avais rien à voir avec les attentats, et que je n'avais pas vu mon frère depuis 2013. »

Houari a l'impression qu'il devra passer le reste de ses jours à clamer son innocence, à expier le crime de son cadet.

« Tous les ingrédients étaient là pour que nous soyons accusés de complicité ! » insiste Zahra.

Après quatre jours de garde à vue à la SDAT, la sous-direction anti-terroriste, dans les locaux de la DGSI à Levallois-Perret, tous les membres de la famille Mostefaï ont été libérés. Tous innocents, donc. Pourtant, dans le salon de leur petit pavillon de Bondoufle, dans l'Essonne, le poids de l'opprobre est palpable. Depuis l'attentat commis par Omar et qui a propulsé la famille sous les feux des projecteurs, Houari et Zahra n'ont qu'un souci : protéger leurs trois enfants.

« On n'arrive pas à concevoir qu'ils grandiront en portant ce nom, on a même envisagé d'en changer », se plaint Zahra entre deux sanglots.

« Il faudra leur dire la vérité, parce que ça fait partie de leur histoire, mais ils n'ont pas à en avoir honte, parce qu'ils n'y sont pour rien », lui répond Saïd, son oncle qui tente d'épauler le jeune couple dans cette épreuve.

« Eh bien, moi, j'ai un oncle qui a commis un attentat terroriste en Algérie, mais je ne m'en sens pas personnellement coupable », rétorque Fatima, sa femme.

Face au désespoir du jeune couple, Saïd et Fatima alternent paroles de soutien et silences lourds de compassion.

« Depuis les attentats, nous faisons de notre mieux pour être à leurs côtés, sinon ils seraient totalement isolés. Zahra ne veut même plus retourner à Paris, tant le traumatisme est profond, et Houari qui occupait un emploi en intérim n'a jamais été rappelé à cause de son nom », explique Saïd.

Plus âgés, plus urbains et forgés à l'épreuve, Fatima et lui ont également été auditionnés à titre de témoins dans l'affaire du Bataclan.

« Dès leur arrestation dans la soirée de samedi, j'ai remué ciel et terre pour dire qu'ils étaient innocents. J'ai téléphoné à Bernard Poignant, chargé de communication de François Hollande, et mes amis ont fait jouer leurs réseaux pour dire qu'ils se trouvaient avec nous », raconte Saïd.

Fatima et lui se sentent concernés par l'adversité qui touche le jeune couple, car cette maudite soirée du 13 novembre, ils l'avaient passée ensemble, à quelques centaines de mètres seulement du Bataclan, chez Dieudonné, au théâtre de la Main d'Or.

Saïd Oujibou, quarante-huit ans, est un proche de l'humoriste. Personnage hors normes, c'est lui qui est à l'origine de la sortie en famille.

« Je voulais avoir l'avis de Zahra et Houari sur le spectacle « Dieudonné en paix ». Lorsque je leur ai envoyé l'invitation par SMS, Houari m'a curieusement répondu : toi aussi tu veux partir en paix ? »

Évidemment, le message lui vaudra d'être cuisiné par les enquêteurs :

« J'avais l'impression que c'était moi le problème. Mes interrogateurs étaient persuadés que j'étais le cerveau de l'opération. En plus, dans la soirée des attentats, j'avais garé ma voiture rue de Charonne. Pour eux, j'avais eu le temps de faire l'aller-retour rapidement depuis le théâtre de la Main d'Or pour commettre je ne sais quel acte terroriste. Oui, c'est allé très loin, ma sœur. La directrice des Renseignements Généraux en personne a dû se déplacer pour leur expliquer qui j'étais. »

Avec Saïd, les enquêteurs apprendront que les apparences peuvent être très trompeuses, car l'oncle par alliance d'Omar Mostefaï est un pasteur évangélique qui prêche la parole du Christ depuis plus de vingt ans. Comme lui, il a été la brebis galeuse de la famille dans sa jeunesse, mais pas pour les mêmes raisons. Saïd a été rejeté par les siens pour avoir troqué la religion musulmane contre la foi chrétienne, une honte pour sa famille, voire un crime qui mériterait d'être puni de mort pour ceux d'entre eux qui ont préféré rompre les liens à jamais.

Le pasteur Oujibou est une figure incontournable du christianisme maghrébin et oriental en France. Il clame le droit pour les ex-musulmans convertis comme lui de vivre leur foi au grand jour, et reste persuadé que le Christ peut sauver une jeunesse désœuvrée en mal de valeurs, comme il l'a sauvé lui-même d'une inexorable déchéance il y a des années. Saïd est passé par l'islamisme radical dans son adolescence et se voyait aller défendre la foi de Mahomet en Afghanistan. Les années 1980, c'était l'époque où les intermittents du *djihad* rêvaient d'aller casser leur pipe pour monter au lupanar d'Allah. Aujourd'hui fervent chrétien, Saïd prêche autant le Christ que l'antiracisme, lui qui en a tant souffert dans son enfance. Ses prêches sont loin d'être de lassantes litanies psalmodiées devant une audience de culs-bénis béats de dévotion, ni des offices de routines bâclés pour des fidèles à la foi du charbonnier. Saïd n'est pas ami de Dieudonné pour rien. Le *stand-up*, il connaît. Ses prêches sont de véritables *one-man-shows*, avec rap, danse orientale et saynètes auxquelles participe un public majoritairement composé de *born again*. La Bible y est récitée en arabe et les clichés identitaires les plus crasses sont moqués et dissouts dans le message universaliste du Christ.

« Le pire, ma sœur, c'est qu'en mai, nous étions tous les quatre au Bataclan où je jouais mon spectacle devant mille-cent personnes ! »

Un lourd silence traverse la pièce, avant que Saïd ne reprenne :

« Tu te rends compte ? Si ces guignols avaient choisi de se faire exploser ce soir-là, il aurait tué son frère sans le savoir ! »

Saïd, qui a fait de la lutte contre l'extrémisme islamique un sacerdoce, parle avec véhémence de ce kamikaze qu'il ne côtoyait pas, mais qu'il connaissait, sans rien avoir vu venir. Difficile de ne pas sombrer dans la haine face à autant d'arbitraire, mais Saïd qui dénonce la radicalisation à chacun de ses prêches rappelle que « Dieu aime aussi les musulmans ».

Pourtant, ce jour-là, dans le petit salon des Mostefaï, aucun membre de la famille ne désignera jamais le frère terroriste par son prénom, sans doute par pudeur.

Aux yeux des enquêteurs, Saïd devait être un musulman comme un autre, de surcroit ayant un lien de parenté avec un terroriste et se trouvant non loin de la scène de crime.

« Ce qui nous a sauvés, ce sont les caméras de vidéosurveillance de la Main d'Or », explique-t-il.

La police a investi le théâtre de Dieudonné pendant trois heures et demi, a interrogé les vigiles et passé au peigne fin tous les enregistrements pour s'assurer qu'il disait vrai.

« Houari apparaissait à l'image sans interruption, et moi j'en disparaissais de temps en temps parce que je m'occupais de la conférence de presse donnée à l'occasion du spectacle. »

Placide, le pasteur dit toutefois respecter le travail des enquêteurs, car pour lui, il aurait été anormal qu'il en soit autrement.

« Il faut les comprendre, il y avait trop de coïncidences. »

Incrédules, puis méfiants, les policiers ont fini par se rendre à l'évidence : Fatima, Zahra, Saïd et Houari disaient la vérité.

Plusieurs semaines plus tard, la petite famille ne cesse de se rappeler le film des événements, et n'en revient toujours pas de l'ironie du destin de cette tragique nuit du 13 novembre.

« Nous devions quitter la maison au plus tard à 18 h 00, pour déposer les enfants chez la tante de Zahra et retrouver Saïd devant le théâtre de la Main d'Or », se souvient Houari.

Zahra, d'humeur plutôt casanière, rechignait à sortir, et de surcroît ne connaissait pas Dieudonné.

« J'ai dû insister pour qu'elle vienne, car je ne me voyais pas y aller sans elle. »

Peu de temps après avoir pris la route, la jeune femme annonce à son mari qu'elle avait oublié ses lunettes, et qu'elle ne verrait donc rien du spectacle.

« J'avais peur de rater le début, mais j'ai quand même fait demi-tour à la maison, ce qui nous a fait perdre une bonne vingtaine de minutes. »

À cause de ce retard, Houari n'aura pas le temps de chercher une place de stationnement et ira dans un parking payant.

« J'ai pris une photo de la voiture pour ne pas oublier le numéro de l'allée. »

Sans le savoir, il venait de constituer sa première pièce à conviction pour expliquer aux enquêteurs de la sous-direction anti-terroriste ce qu'il faisait si près du Bataclan, où son frère se faisait exploser ce soir-là. Houari n'en était pas conscient, mais chaque détail avait son importance, chaque minute où il n'était pas « couvert » pouvait faire de lui un suspect potentiel.

À la fin du *show*, ce sont les journalistes venus assister à la conférence de presse qui apprennent à Saïd que « quelque chose » se passe dans le quartier. Des tirs avaient retenti non loin de là, mais personne ne savait encore qu'une sanglante prise d'otages se préparait dans une autre salle de spectacle, à quelques centaines de mètres de là.

« Saïd nous a dit que ça avait pété au Stade de France et quelque part dans le coin. Nous avions faim, mais comme il ne fallait pas trop trainer dans le quartier, nous sommes allés prendre un kebab à quelques mètres de là. »

Houari paye par carte et met machinalement le reçu en boule dans la poche de son pantalon. Il venait de constituer sa deuxième pièce à conviction. Plus tard, les enquêteurs lui diront que ce ticket de carte bleue, c'était son « ticket de sortie ».

La voiture de Saïd était bloquée rue de Charonne, il ne pourra la récupérer qu'à 3 h 00. Houari et Zahra proposent de raccompagner Fatima et les enfants.

« En sortant du parking, on a commencé à comprendre qu'il se passait quelque chose de très grave. La police nous faisait signe de dégager la voie, beaucoup de rues étaient interdites à la circulation, il y avait des gyrophares, des sirènes partout... », se souvient Zahra avec excitation.

La jeune maman, employée dans un lycée, explique avec la naïveté d'une enfant qu'elle n'avait encore jamais rien vu de tel. Paris n'est qu'à vingt-sept kilomètres de Bondoufle, mais le monde de Zahra semble se limiter à ses proches et à sa petite maisonnée impeccablement tenue.

« Sur la route, nous avons allumé la radio où se succédaient des témoignages de gens en pleurs, nous avons réalisé que la France était en panique », se souvient-elle.

Une fois rentrés, ils ont du mal à se remettre de ses émotions.

« Nos proches qui savaient que nous étions à Paris nous appelaient pour prendre de nos nouvelles, et Houari et moi, nous pensions au sort de nos enfants s'il nous était arrivé quelque chose. »

Ils avaient l'impression d'avoir échappé au pire, ils étaient en réalité dans l'œil du cyclone.

Le lendemain, le couple est scotché devant son poste de télévision. C'est l'heure du décompte des morts, et de la traque des coupables. Zahra pleure lorsqu'elle réalise l'ampleur du carnage, et frémit encore à l'idée d'avoir été si près du Bataclan. La jeune femme se sentait indignée et le faisait savoir lorsque les gens l'appelaient au téléphone.

« Tout ceci est de la faute du gouvernement, trop laxiste avec les terroristes », dit-elle à une tante à l'autre bout du fil.

Lorsque les deux femmes évoquent les personnes fichées S, elle s'emporte :

« Ils devraient les enfermer eux et leurs familles pour qu'on s'en débarrasse une fois pour toutes. »

Zahra ignorait encore qu'elle était elle-même la belle-sœur de l'un des terroristes les plus meurtriers de l'Histoire de France, que ce « monstre », c'était le petit frère de son époux qu'elle aimait tant, et qu'elle décrit comme un mari dévoué « qui s'occupe beaucoup de ses enfants ».

Ce que Zahra ignorait aussi, c'est que Houari et elle étaient déjà sur écoute, dès la matinée du samedi 14 novembre. Ils le découvriront plus tard chez les enquêteurs de la SDAT, lorsqu'ils questionneront longuement Zahra sur une phrase prononcée par sa tante lors de cette même conversation téléphonique :

« Omar m'a prévenue. »

D'abord choquée, Zahra se souvient de l'explication :

« Elle faisait en fait allusion à un oncle, également nommé Omar, frère d'un autre oncle qui s'appelle Mustapha, qui l'avait appelée lorsque les attentats ont éclaté pour lui dire de regarder BFM. »

Loin d'imaginer que sa petite vie tranquille était sur le point de basculer, le couple refuse de voir les premiers signes annonciateurs.

« Dans la matinée du samedi, j'ai reçu un coup de fil sur mon portable d'une journaliste qui me demandait des informations sur un autre de mes frères. »

À mille lieues d'imaginer qu'un membre de sa famille est impliqué dans les attentats, Houari lui répond qu'il n'a rien à dire et met fin à la conversation.

« Elle m'a ensuite envoyé un SMS où elle m'expliquait qu'elle voulait des informations sur deux de mes frères, dont lui. Je n'ai pas répondu, mais j'ai commencé à trouver ça bizarre. »

Vers 15 h 00, le jeune homme entend toquer à la porte.

« C'était encore un journaliste. Il s'est présenté et m'a dit qu'il cherchait des renseignements sur mon frère, sans donner de prénom. J'ai répondu fermement que je ne savais pas ce que mon frère avait fait, mais que là il était chez moi et que je lui interdisais de sonner à ma porte une deuxième fois. »

Houari commence à se poser des questions, il se demande si ses frères n'avaient pas fait une connerie, mais impossible pour lui de faire le moindre lien avec les attentats, vu que le nom de Mostefaï n'était pas encore sorti dans les médias. Deux heures après, alors qu'il se trouvait dans sa cuisine, il voit un homme s'approcher de la fenêtre :

« Bonjour, je suis journaliste… »

« Là, j'ai commencé à me dire qu'il y avait vraiment un truc. Je suis sorti le voir », se souvient Houari.

« Moi, j'étais sous la douche lorsque j'ai entendu la porte s'ouvrir. J'ai eu un sale pressentiment, et je me suis empressée de sortir. J'ai aperçu Houari au bout du jardin avec ce journaliste, il était blême », l'interrompt Zahra.

« Il m'a dit que mon frère était éventuellement impliqué dans les attentats, sans préciser qu'il s'agissait du Bataclan, et qu'il se serait donné la mort. J'étais sous le choc, je refusais de le croire. »

Houari s'éloigne un peu et appelle sa mère pour savoir si elle avait également reçu de la visite.

« Elle n'avait l'air au courant de rien, alors j'ai dit que je la rappellerai plus tard et j'ai raccroché. »

Le couple peine à décrire ce moment de flottement. Hagards, ils laissent le journaliste planté là et avancent comme des ombres vers la maison.

« Nous avons eu très peur, notre premier réflexe était celui de se protéger, confie Houari. Je refusais de croire que mon frère était impliqué, et qu'il était mort. Je ne l'avais pas vu depuis trois ans, et pour moi, il n'était même pas en France, il était à des milliers de kilomètres de là. »

Les Mostefaï savaient que leur fils Omar était parti en Syrie avec femme et enfants pour y faire de « l'humanitaire ».

« Oui, il était dans la religion, reconnaît Houari, mais rien ne laissait présager qu'il commettrait un acte terroriste. »

Pour les proches du kamikaze, son exil syrien ne suffit pas seul à marquer un point de non-retour dans la radicalisation.

« Il ne s'est jamais permis de faire des remarques sur ma façon de m'habiller, sur le fait que je ne porte pas le voile par exemple. De tous mes beaux-frères, c'était le plus doux, le plus souriant et le plus gentil. »

Zahra confie même qu'elle se sentait plutôt proche de lui, car il lui apparaissait comme une personne soucieuse de donner de l'amour ainsi qu'une bonne éducation à ses enfants, et qui souhaitait mener une vie sans histoires.

« C'était d'ailleurs le seul de mes beaux-frères qui avait des marques d'affection envers ses neveux », ajoute-t-elle, même si elle reconnaît avec le recul qu'il était « influençable ». Houari, lui, dit à quel point la thèse du « déséquilibré mental » qui commet des attentats lui apparaît fausse aujourd'hui, car son frère était une personne « parfaitement normale ».

Le temps de retrouver leurs esprits, Houari et Zahra décident de confier les enfants à leur grand-mère maternelle qui habite dans le coin et se rendent au commissariat pour obtenir des informations.

« Je n'avais pris ni couches, ni biberons, je pensais vraiment que nous en avions pour un quart d'heure », précise Zahra.

Ils ne rentreront à la maison que quatre jours après. S'ils n'ont plus aucun doute sur la culpabilité d'Omar dans les attentats, le mystère de son crime demeure entier.

Au commissariat d'Évry, la police est sur le pied de guerre. L'état d'urgence est déjà là. Le bâtiment est fermé, et les usagers qui se présentent sont renvoyés chez eux « en raison des attentats ». En revanche, pour Houari et Zahra, les portes s'ouvrent.

« On aurait cru qu'ils nous attendaient. »

Quelques jours plus tard, lorsque le couple croisera le maire d'Évry, il leur dira que la police l'avait appelé vers 16 h 00, heure où les journalistes assaillaient leur domicile, pour l'informer qu'une opération de grande envergure se préparait dans sa ville, sans lui fournir plus de détails.

« Quand je pense que le RAID serait probablement venu défoncer la porte en présence des enfants... Nous avons été bien inspirés d'y aller nous-mêmes », dit Houari, soulagé.

Le couple est immédiatement placé en garde à vue.

« On m'a informé que j'étais en état d'arrestation pour complicité dans un acte terroriste, et on m'a demandé si je souhaitais prévenir quelqu'un. J'ai répondu oui : ma femme. »

Houari ignorait que Zahra était soumise à la même procédure dans le bureau voisin.

« De mon côté, ils m'ont emmenée dans un endroit qui puait et m'ont demandé de mettre les mains derrière le dos, puis ils m'ont menottée. »

Lorsque la police demande à Zahra si elle souhaite voir un médecin, elle accepte, car elle est asthmatique et espère obtenir de la Ventoline.

« Il m'a d'abord demandée si j'avais été violentée, mais sa question m'a fait peur, parce qu'elle signifiait que je pouvais l'être. »

L'angoisse de Zahra atteint son paroxysme lorsqu'elle voit arriver des policiers cagoulés.

« J'étais persuadée qu'ils étaient là pour nous frapper. »

Les hommes masqués escortent le couple jusqu'à son domicile pour y faire une perquisition.

« À la sortie du commissariat, alors que nous étions menottés et entourés de ces forces spéciales, j'ai vu le père d'un camarade de classe de l'un de mes enfants qui est policier et qui assistait à la scène. Il a détourné le regard par pudeur, mais je n'en étais pas moins pétrie de honte », se souvient la jeune mère.

Naïve, elle demande aux policiers de ne pas garer des véhicules de police devant la maison pour ne pas se donner en spectacle devant le voisinage.

« Ils m'ont rassurée en me disant qu'il n'y aurait que des véhicules banalisés. Tu parles ! »

À l'arrivée, le quartier est en état de guerre. Tout est là : voitures de police, gyrophares, cagoules... Des voisins sont même en train de filmer la scène avec leurs portables.

« Ils ont évidemment diffusé la vidéo sur les réseaux sociaux, mais heureusement qu'il faisait déjà nuit et qu'on n'y reconnaît pas nos visages », se réjouit Zahra.

La police décide que c'est la jeune femme qui assistera à la perquisition du domicile. Houari, lui, assistera à celle des véhicules de la famille.

« Ils ont relevé les empreintes et fouillé les moindres recoins », se souvient-il.

Les policiers ressortiront bredouilles.

Détendus, ils plaisantent même avec le couple :

« Votre maison est très propre, mais il faut penser à ranger le garage quand même... »

En racontant l'anecdote, Zahra réprime un sourire et adresse un regard de reproche à son mari, visiblement pas un as du rangement. Elle reconnait d'ailleurs avec gratitude que les policiers « n'ont pas trop foutu le bordel ». Mais elle leur est surtout reconnaissante d'avoir « fait très attention » dans la chambre des enfants.

Même si elle n'a rien trouvé de compromettant pour les Mostefaï, la police repart avec leurs clés USB, ordinateurs, caméras et téléphones portables.

« On ne les a toujours pas récupérés, même s'ils n'y ont rien trouvé », précise Houari.

Rien ou presque. La police récupèrera une photo d'Omar Mostefaï au mariage du couple et s'intéressera tout particulièrement à une autre photo du terroriste avec deux de ses frères, prise en 2006 lors d'un voyage en Algérie pour rendre visite à la grand-mère restée au pays.

« Pour ne rien arranger, l'arrière-décor de la photo ressemblait à une grotte, et je l'avais classée dans un dossier nommé « Égypte » qui contenait des photos de vacances de mes parents », explique Zahra.

Les époux ont dû convaincre la police que Houari ne s'est jamais rendu en Égypte avec son frère Omar.

À la fin de la perquisition, les policiers sont si détendus qu'ils ne banderont pas les yeux du couple pour l'emmener dans un « nouveau lieu d'interrogatoire » dont ils ne diront pas le nom. Houari et Zahra apprendront plus tard qu'ils étaient au siège de la SDAT à Levallois-Perret. Ils apprendront également que les choses s'étaient passées différemment au domicile des parents Mostefaï. Tous les membres de la famille, y compris Soumia, la benjamine de quinze ans, ont été placés en garde à vue et conduits à la SDAT.

« Mon père a eu droit à un traitement particulièrement dur. Il a été sorti de la mosquée comme un malfrat, il a eu les yeux bandés et a été transporté de Romilly-sur-Seine au 92 sans être informé de la destination ».

À l'évocation de son père, les yeux de Houari s'embuent à nouveau et il quitte la pièce quelques minutes pour ne pas laisser paraître son émotion. Les questions des enquêteurs tournent d'ailleurs beaucoup autour du père, car chez les Mostefaï de Romilly, on pratique un islam orthodoxe et les femmes portent rigoureusement le voile.

« Ils ont demandé à Soumia si mon beau-père l'obligeait à se voiler, et ils lui ont dit qu'il allait la marier de force », raconte Zahra.

« Vers la fin de la garde à vue, ils m'ont posé beaucoup de questions sur la place de mon père dans la famille, mais au début, c'était surtout autour de ma propre pratique religieuse », affirme Houari. Les policiers s'intéressaient beaucoup à sa dernière rencontre avec Omar : « Ils m'ont forcé à me replonger dans mes souvenirs, alors que j'ai plutôt mauvaise mémoire. »

C'était à la circoncision du petit Djibril, une fête de famille en 2013. Le pasteur Saïd et sa femme Fatima étaient également invités. Omar Mostefaï y était avec son épouse, une cousine d'Algérie qu'il a « ramenée du bled » après le mariage. « Ils avaient déjà leur petite Selma, et sa femme était enceinte », se souvient Zahra. Le futur kamikaze travaillait alors dans une boulangerie à Chartres où il menait une vie tranquille. « Il s'habillait à l'occidentale, et ne mettait la *djellaba* que pour aller à la mosquée avec mon père le vendredi », précise Houari. « J'ai gardé un bon souvenir de notre dernière rencontre. Il était rayonnant ce jour-là, et n'avait pas l'attitude d'un censeur qui dicte ce qui est *hallal* et ce qui est *haram* », se souvient-il. « Oui, il était capable de faire des phrases avec sujet, verbe, complément, sans mettre des *Allah akbar* à tout bouts de champ », confirme Saïd.

Pourtant, dès 2013, Omar ne cachait pas à sa famille son projet d'aller s'installer en Algérie. Son épouse, qui y a grandi a du mal à s'adapter à la vie en France, et le couple ne veut surtout pas élever ses enfants dans un pays où le mariage homosexuel est autorisé. Il parlait également déjà de ses activités « humanitaires ». « Il faisait des collectes de vêtements pour enfants pour les envoyer dans les camps de réfugiés syriens en Turquie par le biais d'ONG », précise Zahra.

Depuis, son frère a du mal à tracer son parcours. Omar a quitté Chartres pour « retourner » en Algérie, pays qui ne l'a pas vu naître et où il n'a jamais vécu, puis il aurait fait un passage à Dubaï « pour le boulot » avant de s'établir en Syrie.

« Sa femme donnait parfois des nouvelles à ma mère par Internet, c'est comme ça que nous avons appris récemment la naissance de son troisième enfant. »

Houari passe d'un coup de l'affliction à la colère :

« Mais comment a-t-il eu le cœur à se faire exploser alors qu'il venait d'avoir un bébé ? Qu'est-ce qu'il est allé foutre en Syrie ? C'est quand même pas un endroit pour élever des gosses ! C'est un pays en guerre où des têtes coupées sont exposées au bout de piques ! »

L'indignation est celle du bon sens face à l'absurde, mais las d'essayer de trouver une explication à l'acte de son frère, Houari se demande s'il n'y a pas une vérité cachée derrière ce drame :

« Je veux comprendre cet État islamique, pourquoi personne n'est capable de nous dire ce qui se passe là-bas ? Parfois je me demande si on n'y a pas pris sa femme et ses enfants en otage pour le forcer à commettre l'attentat. »

Depuis le 13 novembre, la famille Mostefaï ignore le sort de l'épouse algérienne et des trois enfants d'Omar restés en Syrie. Sans doute a-t-elle été allouée en épouse à quelques mercenaires du *djihad*, et les petites, elles, mises sur le marché du mariage *hallal* au saut du berceau. Houari, lui, ne sait plus où est la vérité. Il ne sait plus qui était son frère. Le jeune homme plein de vie qui aimait aller en boite avant de sombrer dans la radicalisation, le père de famille travailleur et aimant, ou celui qu'une vidéo diffusée par l'État islamique après les attentats montre en vaillant égorgeur, vociférant contre la France, un couteau à la main.

« Je voudrais tellement connaître son itinéraire avant de se faire exploser. Cela me rend complètement fou de me dire que je ne l'avais pas vu depuis trois ans, et que je l'ai probablement croisé ce soir-là. »

Mardi 17 novembre, les enquêteurs de la SDAT décident finalement de remettre les membres de la famille Mostefaï en liberté, après avoir prélevé leur ADN. Zahra ne peut s'empêcher d'éclater en sanglots lorsqu'elle évoque ce souvenir : « Je n'ai tué personne, mais je suis fichée. »

Humiliée, elle vit dans la terreur depuis qu'elle a reçu une lettre anonyme se réclamant du Front national : « Vous avez tué les nôtres, on tuera l'un des vôtres », disait la missive.

« Aujourd'hui j'ai peur de tout, j'ai peur pour mes enfants, j'ai peur quand je croise des femmes qui portent le voile intégral, j'ai peur des discours tenus par les jeunes au lycée où je travaille... J'ai pourtant toujours été une personne positive, mais j'ai cessé de l'être le 13 novembre. »

Dans le RER qui les conduit chez eux, Houari et Zahra ont l'impression que tout le monde les reconnaît :

« Nous étions coupés du monde pendant trois nuits, et nous pensions que nos photos avaient été publiées. En fait, nous étions en pleine crise de paranoïa », se souviennent-ils.

Sur le quai de la gare, Zahra emprunte le portable d'une jeune femme pour appeler sa mère.

« Alors qu'elle s'éloignait, je l'ai suivie et j'ai effacé le numéro de son téléphone, c'était pour la protéger, même si je ne la connaissais pas. »

Des pestiférés, voilà ce que sont devenus les Mostefaï. Pour son propre Salut, Omar aura légué l'infamie et le déshonneur aux siens. Houari et Zahra, Monsieur et Madame Tout-le-Monde, ne se sentent aujourd'hui ni le droit d'aller mal, par déférence envers les victimes, ni évidemment celui d'aller bien. Inconscients du choc post-traumatique qu'ils ont subi, ils se réfugient dans l'espérance vaine d'avoir pu empêcher un acte qu'ils n'ont pas vu venir.

« Quand je pense à tous ceux qui sont morts, je me sens aussi coupable que si je les avais tués. Même si nous ne l'avions pas vu depuis trois ans, nous aurions peut-être pu faire quelque chose pour éviter ce carnage », se morfond Zahra.

Houari, lui, est déjà en fuite dans son scénario refuge :

« Si seulement il avait fait une prise d'otages, on aurait vu son nom et j'y serais allé tout de suite. »

Confronté à la réalité, à son impuissance, Houari Mostefaï refuse pour autant de s'absoudre du péché de son frère :

« Y penser me rend complètement fou. Je n'arrive pas à oublier, je n'arrive pas à me défaire de la culpabilité. Aujourd'hui, je culpabilise même de sourire. Je n'en ai plus le droit. »

<u>IV</u>

MORAL D'ENFER

« Je ne souhaite plus m'exprimer, j'ai trop parlé de cette histoire. Je pense que je dois subir le contrecoup. »

Claude-Emmanuel n'a cessé de dire « ça va » depuis son hospitalisation. À chaque personne qui demandait de ses nouvelles, à chaque ami qui venait s'enquérir de son moral, il répondait : « J'ai une forme olympique ». Et il l'avait. Ce n'était pas une posture pour se donner une contenance. Il la tenait cette forme, aussi étrange que cela puisse paraître au regard des blessures, de la souffrance et de l'invalidité que l'attentat du 13 novembre lui avait causées. Il « allait » à un tel point qu'il faisait l'admiration et l'étonnement des membres du personnel hospitalier qu'il gratifiait d'un grand sourire à chaque fois que l'un d'entre eux entrait dans sa chambre.

Son sourire ne le quitte pas, il répond toujours avec courtoisie aux questions qu'on lui pose, refuse poliment mais fermement quand il préfère garder certaines réponses pour lui. Mais quelque chose a changé depuis peu, sa tête bouillonne. Lui, l'ancien inspecteur du travail, l'être rationnel dont le cerveau, pourtant habitué à observer, classer, analyser, ne semble plus capable de produire quelque chose de cohérent.

« Il faut que je prenne du recul avec tout ça. Il faut que je me retrouve. »

Se retrouver, c'est aller à la rencontre de cet homme qui arpente les alentours de la place de la République en ce soir du 13 novembre, profite de la douceur de la soirée et laisse ses pas et son esprit vagabonder.

Claude-Emmanuel n'a rien prévu de faire si ce n'est de rentrer chez lui. Il flâne.

« Finalement, j'ai passé une soirée qui n'aurait jamais dû se produire. »

Un jeune homme l'accoste et lui demande son chemin en anglais. Il lui répond et très vite, les deux hommes entament une discussion. Ils ne tardent pas à se découvrir des points communs, plantés là, en plein milieu de la place où trône le symbole d'une République triomphante, une statue à laquelle on vouera, dès le lendemain, un culte sous forme d'hommages. Un culte qui finira par s'émousser comme toutes les idolâtries. Mais pour l'heure, deux inconnus viennent d'entamer une discussion nourrie qu'ils ont envie de poursuivre dans le confort d'un bar, autour d'un verre. Fuyant les établissements des abords de la place, souvent bruyants, il décide d'emmener le jeune homme à la Bonne Bière. Il ne connaît pas le nom de l'établissement mais le situe très bien géographiquement ; c'est une adresse agréable et conviviale. Le serveur qui les accueille leur demande s'ils souhaitent s'installer en terrasse ou à l'intérieur. La première idée de Claude-Emmanuel est de profiter de la terrasse. Il fait plutôt bon pour un mois de novembre. Puis il se ravise. Le serveur les installe alors à une table tout près des vitres.

Ils prennent connaissance de la carte pour choisir leur boisson quand soudain, ils entendent un bruit de tirs. Un *staccato* caractéristique qui ne laisse aucun doute. Il s'agit de balles et non pas de vulgaires pétards comme il peut en éclater le week-end à proximité de la place de la République. Le réflexe de Claude-Emmanuel est immédiat, il se jette derrière une chaise pour s'abriter. Au moment de sa fuite furtive vers le siège-bouclier, il reçoit une rafale de balles. Il aperçoit sa jambe en sang et semble presque surpris de cette blessure, « ça ne fait pas mal un tir de balles, on sent l'impact, oui, c'est sûr, mais on ne ressent pas la douleur ».

À l'intérieur du bar, personne ne réalise vraiment ce qui vient de se produire.

C'est à 21 h 32 qu'une voiture de type Seat Leon noire a fait irruption dans cette rue de la Fontaine au Roi où est situé la Bonne Bière » et a fait feu sur l'établissement en mitraillant également le restaurant Casa Nostra. Personne ne songe à un attentat. En terrasse, les consommateurs sont tombés sous le coup des balles comme des poupées de chiffons et gisent dans leur sang. Des corps à terre que les riverains ou promeneurs regardent avec étonnement de loin tandis que quelques autres se penchent sur eux pour apporter une aide éventuelle ou plus sombrement constater qu'il n'y a plus rien à faire.

« Il doit s'agir d'un règlement de compte ! s'exclame une dame dont l'argument est aussitôt approuvé par deux hommes qui s'approchent un peu plus près des victimes.

– Vous avez vu ce qui s'est passé ?

– Non, enfin, si, une voiture, ça a canardé, je n'ai rien compris.

– Quelqu'un a appelé la police ?

– Mais y'a des morts ?

– Ben carrément, c'est un truc de ouf ! »

L'étonnement et l'impuissance se mêlent à la peur dans cette portion de rue où, pour certains, le spectacle des victimes et des vitres brisées est l'attraction du jour.

Le choc est tel que peu semblent prendre réellement conscience de la gravité de la situation. Les clients sont affolés ou sidérés, deux hommes tentent un massage cardiaque sur une jeune fille, un jeune homme reste sans mots, le regard fixé sur la place qu'il occupait quelques minutes plus tôt. La pochette qu'il avait placée sur sa chaise s'y trouve encore, mais la chaise est renversée et la pochette, déchirée, a chu sur le sol. Il s'était levé pour payer sa consommation et commander un autre verre au moment où le véhicule des terroristes passait devant le bar en ouvrant le feu.

Au total, il y aura cinq morts à la Bonne Bière, et des dizaines de blessés. Quelques minutes plus tôt, la même voiture venait de tirer en rafale sur deux établissements, Le Petit Cambodge et Le Carillon, à l'angle de la rue Bichat et de la rue Alibert, situés non loin de là. On aurait presque pu croire à un film noir dans lequel une bande de marginaux, fauves déchaînés d'une jungle urbaine, l'adrénaline en excès, saturés de violence et camés jusqu'à la moelle, entame un rodéo sanglant. Un mal-être à l'américaine sur fond de petites rues sympathiques avec ambiance pastis, bière et vin rouge. À la franchouillarde. À ce stade, il s'agit d'un scénario qui pourrait presque apparaître rassurant au regard de la réalité. Cette soirée n'a rien pourtant d'un *road movie*. Elle est stratégiquement et soigneusement organisée, du moins pour ce qu'on en sait. C'est une opération de commando, un petit commando, certes, mais déterminé, entraîné physiquement et affûté mentalement lors d'un séjour en Syrie. Des hommes qui font la guerre sans en respecter les codes élémentaires, et dont la ferme intention est de faire des frappes loin d'être chirurgicales et de causer le plus de dommages collatéraux possibles. Et se faire exploser ensuite pour rejoindre un autre monde, celui qu'ils méritent, le paradis qui leur ouvre grand les portes, où ils pourront à nouveau manifester leur virilité exacerbée. D'autres viendront après eux, plus nombreux, mieux préparés et toujours plus déterminés.

À l'intérieur du café, Claude-Emmanuel se sent partir doucement. Sa jambe saigne de plus en plus et la douleur monte perceptiblement. De la salle, il ne perçoit que le plafond et les quelques têtes penchées sur lui. Il est sur le dos et dans le tumulte qui règne il ne distingue que quelques cris, des mots, des interjections et des bruits indéfinissables qui se mélangent pour former un écho dans son esprit déjà confus. Il pense que les secours vont arriver dans l'immédiat mais il ne voit rien venir et cette attente lui paraît insupportablement longue. Il y a un mince fil qui semble désormais le relier à la vie, un fil qui, en s'étirant au fur et à mesure des minutes, s'use de plus en plus. Une femme s'est occupée de lui. Il s'en rappelle. Elle lui tient la main, lui fait un garrot, du moins le croit-il. Mais elle est là, c'est l'essentiel. Il songe alors au téléphone portable dans sa poche.

« Il faut prévenir quelqu'un, j'ai alors pensé à Cécile, une très bonne amie, qui habite place de la République. Je lui dis « Cécile, je suis victime d'un attentat ». Elle ne comprend pas. Cette dame qui me tenait la main a pris le téléphone, a expliqué à Cécile ce qui se passait et lui a indiqué où j'étais. Je ne voulais pas inquiéter mes parents, qui sont très âgés, je ne voulais pas inquiéter ma famille. Mes forces diminuaient, je le sentais, et là, j'ai pensé à la mort. »

Il la sent venir. Tout doucement. Sans tristesse et sans frayeur, il constate froidement qu'elle est là, près de lui. Nous sommes tous des condamnés à mort, tous en sursis depuis le premier cri, nous ne savons simplement pas à quel moment et comment le couperet va tomber.

« Il faut bien y passer, songe Claude-Emmanuel, et c'est aujourd'hui. Ce n'est pas le jour que j'aurais choisi mais c'est maintenant, ce n'est pas juste. »

Ce besoin d'analyser, ce souci de pragmatisme apparaissent comme une ultime bravade de son esprit rationnel, un dernier défi de la raison avant l'extinction des lumières.

Il est bien légitime de penser à sa mort quand les circonstances en annoncent l'imminence, mais y croire est sans doute une toute autre chose tant elle demeure une abstraction. Au moment où Cécile arrive, presque en même temps que les secours, Claude-Emmanuel ne sait pas ce qu'il adviendra de lui mais l'idée de la mort s'éloigne. Grâce à cette présence amie et connue, s'installe un réconfort qui le contient dans sa propre existence, ses souvenirs familiers viennent tout relier : le passé, le présent et un futur possible reprennent leur place naturellement dans la chaîne du temps. Il ne songe plus à la mort, juste à ne pas perdre la vie.

Les pompiers ont mis une vingtaine de minutes à arriver. Autant dire des heures quand on habite sur la planète Attentat. Ils commencent en premier lieu à trier les victimes par ordre de priorité vitale.

La brigade est sur le pied de guerre. À ce moment-là, mais peu de personnes le savent, dans le café, Paris s'est transformé en terrain de jeu pour terroristes et nul ne sait encore comment la nuit va se dérouler.

Il faut faire vite et bien selon une expression qu'on peine à employer dans de telles situations. Claude-Emmanuel, toujours allongé, les entend opérer le tri.

« J'ai compris que je n'étais pas dans la catégorie des plus graves, ça m'a à la fois rassuré et inquiété. Je me demandais tout de même quand ils allaient s'occuper de moi. »

Son tour ne tarde pas à venir. Les secouristes le mettent sous oxygène et prodiguent les premiers soins. Le blessé les entend parler entre eux dans un langage très technique dont il ne saisit pas les nuances mais qu'il juge toutefois assez explicite pour laisser présager un état critique. Il se sent plus spectateur qu'acteur de sa propre survie. Les pompiers se relaient pour lui demander comment il s'appelle. Ce n'est jamais très bon signe. Il commence à paniquer, l'angoisse monte en même temps qu'une irrésistible envie de dormir. Non pas de ce sommeil bienfaisant qui vient réparer tout corps normalement constitué, mais un sommeil-gouffre, celui qui donne la sensation de chuter dans une profondeur abyssale.

« Je me disais, non, il ne faut pas que tu fasses ça, il ne faut pas que tu dormes. C'était une lutte », la crainte que la mort triomphe.

« Au bout d'un moment, on m'a transporté. Ils ne m'ont pas dit où, ni à moi, ni à mon amie Cécile. Ils m'ont enlevé mon téléphone portable. J'ai trouvé ça bizarre. Après j'ai réalisé que je n'avais plus de moyens de communiquer. »

On pense parfois à de drôles de choses quand la vie tente de s'échapper. Entre les mains de ces pompiers qui ne parlent qu'entre eux, hormis le moment où ils lui font répéter son nom, privé d'informations et de son téléphone, Claude-Emmanuel se sent comme un objet, une pauvre chose manipulée qui n'a plus de prise sur le monde qui l'entoure, dont toute volonté est annihilée. Difficile pour un homme qui aime maîtriser sa vie d'accepter cet état. Son agacement se traduira à l'hôpital Saint-Antoine, où il a été transféré, par une protestation parfois violente quand chaque intervenant, obéissant au protocole, lui fera décliner son identité de multiples fois.

Entre un scanner et une transfusion, pendant ces longs moments d'attente où la douleur se mêle à l'anxiété, il se livre à un de ses exercices favoris : l'observation. C'est presque un *hobby*. Il est comme ça. Et presque un mort, c'est une preuve de vie. Rationnaliser au milieu du chaos, un réflexe pour celui dont la spécialité est l'organisation du travail. Il cherche ainsi à comprendre le fonctionnement de cette machinerie hospitalière complexe qui se met en place pour faire face à une situation exceptionnelle, observe les rouages de cette mécanique clinique, usine à diagnostiquer, soigner, réparer les blessés et traumatisés qui arrivent à la chaîne, parfois seuls, spontanément, puis sur des brancards qui sont aussitôt récupérés pour resservir. Infirmiers, aides-soignants, médecins, anesthésistes, chirurgiens, chacun est à son poste sans faillir. Dans la salle d'attente, on chuinte, on respire en sifflant, parfois on gémit mais globalement, la plupart des patients, qui n'ont jamais si bien porté leurs noms, s'entraident, se parlent, laissent leurs places à ceux qu'ils jugent plus faibles pendant que le personnel va et vient avec célérité mais sans céder à la panique. Des patients allongés ou sur des chaises roulantes semblent presque avoir été remisés dans un coin avant d'être appelés ou amenés vers le praticien adéquat. On lève parfois le doigt comme à l'école pour demander une petite faveur : aller aux toilettes, boire un peu d'eau, ou juste savoir si on n'a pas été oublié. Personne ne vous oublie, soignants et employés administratifs ont branché leur cerveau sur un ordinateur qui sélectionne, tranche, appelle selon un ordre qu'eux seuls semblent connaître mais dont le processeur est suffisamment perfectionné pour n'oblitérer personne de sa mémoire en dépit de l'affluence.

Claude-Emmanuel continue d'observer mais surtout d'avoir mal… Et puis il y a cette soif inextinguible qui vient lui assécher la bouche. Il a l'interdiction de boire, dans l'éventualité d'une opération et voir passer le moindre verre d'eau est un vrai supplice de Tantale. On lui humecte légèrement les lèvres mais ce n'est guère suffisant et bien pire, cela augmente sa frustration de ne pouvoir ingérer d'eau. Il ne pense qu'à ça.

Une torture de plus. Comme si le reste n'était pas suffisant.

Et puis cette attente se fait de plus en plus insupportable. Les médecins viennent le voir pour l'informer qu'ils n'ont tout simplement aucune information à lui donner. Une chose est certaine, il faudra des opérations mais ils discutent encore sur son sort et ne sont pas en mesure de lui apporter une réponse précise quant à la suite des évènements. Claude-Emmanuel déteste cette incertitude. L'angoisse s'accroît pour celui qui était encore attablé tranquillement quelques heures auparavant, prêt à commander une boisson qu'il voudrait tant avoir à sa disposition à l'instant même, une situation dont il goûte la cruelle ironie mais qui ne suffit pas à faire taire son besoin d'hydratation.

Une autre soif étrangle son gosier, celle du réconfort et de paroles amicales. Il se sent perdu dans cet hôpital, livré à sa douleur et à sa peur. Comment en vouloir à ce personnel qui s'organise le mieux possible pour parer à ce flux de blessés, rompu, pour ne pas dire blasé, au sang, à la souffrance, aux appels à l'aide ? Les soignants assistent le mieux qu'ils peuvent les malades, esquissent un sourire, prononcent une parole pour faire patienter mais n'ont guère le loisir de s'attarder sur chaque cas.

Les sentiments d'humanité se déploient tout de même dans cette machine infernale qui tourne à plein régime ce soir-là. Claude-Emmanuel se souvient d'un jeune infirmier, Ariel, qui s'est beaucoup occupé de lui, utilisant son propre téléphone pour chercher le numéro de fixe de Cécile puisqu'on l'a privé du sien – oui, maintenant avec ce satané répertoire et ses contacts enregistrés, on ne connaît plus le numéro de ses amis – et de la disponibilité d'aides-soignants et d'infirmiers auxquels il continue de manifester sa gratitude. Avant d'être installé dans une chambre, au petit matin, afin qu'il puisse dormir quelques heures, il donne ses consignes à Cécile, qui a pu se rendre à son chevet : avertir ses parents qu'il est à l'hôpital mais en minimisant les faits afin de les ménager.

À son réveil, la gorge toujours très sèche, il apprend qu'il va être transféré à l'hôpital Tenon, pour une opération digestive. Il passera directement au bloc opératoire où on lui enlèvera un morceau d'intestin brûlé.

« J'ai prévenu aussi une de mes sœurs pour lui dire la réalité des choses et lui demander de gérer ça avec mes parents comme elle croyait bon de le faire. »

De retour à Saint-Antoine, il subit une opération orthopédique. C'est là qu'il apprendra que son nerf sciatique a également été touché et nécessite d'être suturé.

Le rapport médical indique la pénétration de quatre balles, deux au niveau du nerf sciatique, une qui a frôlé le tibia, une au bras qui a ensuite poursuivi sa trajectoire en endommageant l'intestin, un bout du col du fémur et le nerf sciatique. Ce n'est pas rien. C'est une nouvelle surprenante pour Claude-Emmanuel qui ne voyait les effets de ses blessures que sur sa jambe. Une jambe qu'il lui faut en outre maintenir selon un certain angle afin de ne pas endommager les sutures du nerf sciatique, ce qui explique l'attelle avec laquelle il se réveille. Le caractère toujours bien trempé, celui qui est encore dans le brouillard de l'anesthésie refuse de porter ce qu'il considère comme un instrument de torture.

« J'entendais les médecins dire que je devrais la porter quarante-cinq jours, c'était hors de question. Même pas quarante-cinq minutes, l'idée de la porter était inacceptable. Ce n'était pas par principe, c'était parce qu'elle me faisait mal. Les médecins ont accepté en m'informant des risques pour le nerf sciatique. Mais moi j'avais un rejet total de l'attelle. J'ai dit que c'était à mes risques, et que j'assumerai. »

Assumer. Coûte que coûte. Dans une société où on tend à infantiliser l'individu en l'encadrant dans un surcroît de lois qui viennent couvrir de façon croissante tous les champs de son existence ; où le souverain bien semble être l'obligation absolue d'obtenir un droit au bonheur sans concessions, nouvelle forme d'extase mystique mais surtout forme de salut moderne promis par le culte du progrès ; où la tendance est à l'oblitération de sa propre responsabilité en rejetant sa faute sur un fatum social, culturel ou psychique, assumer son état, ses choix et ses actes tient presque d'une forme de rébellion, d'une revendication à un droit fondamental que l'usure sémantique a souvent galvaudé : celui de la liberté.

Claude-Emmanuel est un cérébral. Il ne conçoit pas la vie sans la part de libre arbitre que porte chaque homme. C'est ce désir d'autonomie qui le pousse certainement à supporter aussi mal cette situation qui fait de lui « une victime ».

« C'est très étrange d'avoir le statut de victime, je ne me suis jamais considéré comme une victime. On est responsable de sa vie. Mais là, je dois bien finir par reconnaître que j'en suis une. »

Un constat qui prendra du temps. Des semaines. Un combat interne. Claude-Emmanuel est une victime qui ne veut pas l'être. Il doit accepter le regard des autres. Ou peut-être celui que lui-même avait sur ceux qu'il considérait comme « des victimes ». Le chemin est long mais il est déjà entamé.

Ce spécialiste de l'emploi, ancien inspecteur du travail devenu délégué général d'une association laboratoire d'idées, destinée à réfléchir et intervenir sur les transformations du travail en France et en Europe, charge dont il a par ailleurs démissionné, a récemment fait une intervention dans un colloque. Il ne savait pas si son état de santé lui permettrait de mener à bien cette tâche mais les organisateurs, qui tenaient à sa venue, lui ont garanti qu'il aurait à tout moment le choix de renoncer à prendre la parole, ou choisir d'intervenir sporadiquement. À bout de force, il a souhaité honorer cet engagement. Son allocution a été suivie d'applaudissements nourris.

« Je me suis demandé à ce moment si ces applaudissements n'étaient pas exagérés. Bien sûr, il y avait ma prise de parole, mais je me suis dit que j'avais été aussi applaudi parce que j'avais été victime des attentats, que j'en portais encore les séquelles. »

Une suspicion qui le met mal à l'aise et le conforte dans l'idée que cette position de victime apparaît comme une nouvelle identité dont il serait pourvu.

Au mois de décembre, via l'association dans laquelle il travaillait, il fut primé avec quinze autres lauréats lors du concours « La France s'engage » qui récompense des projets d'innovation sociale. C'est en brancard qu'il se rendit à la remise des prix, à l'Élysée, où le président de la République le félicita personnellement, accordant une attention particulière à son cas :

« Il fait partie des six-cents blessés des attentats du 13 novembre. Il aurait pu renoncer à son initiative, penser que c'était lui qui comptait d'abord. Mais non, il a voulu continuer. C'est le sens du prix qui lui est décerné. »

Ce n'est peut-être pas le sens qu'aurait souhaité lui donner le récipiendaire, d'autant plus que son projet « Dessine-moi le travail », dont le but était de créer un observatoire des rapports entre les jeunes et le monde du travail afin d'avoir un impact sur les politiques publiques ou l'action des entreprises, s'était vu refuser par la commission qui l'avait jugé intéressant mais déjà trop entouré de partenaires pour prétendre à l'aide apportée par le prix. Martin Hirsch, parrain de « La France s'engage » a contacté les membres du jury pour les convaincre d'accepter exceptionnellement un seizième lauréat.

Il n'est pas question de nier la valeur du projet porté par Claude-Emmanuel. Mais ces attentions sont autant de manifestations du statut particulier dont il fait l'objet : celui de victime, un état que la société se plaît à sacraliser et promouvoir tout en dénonçant l'injustice qui l'a engendré. La fabrique à héros fait crisser ses vieux rouages et les victimes du 13 novembre, à leurs corps défendants, se trouvent auréolés de vertus particulières, presque intouchables, symboles vivants d'une République outragée, martyrs laïcs célébrés un temps, souvent à des fins politiques, avant de retourner dans l'oubli.

Un oubli que réclame à présent Claude-Emmanuel qui ne souhaite plus s'exprimer face aux médias. Son histoire, il l'a racontée aux journalistes, à des collègues, à ses amis bien sûr, très nombreux à être venus le voir à tel point que l'hôpital a dû interdire des visites face à la quinzaine de personnes qui attendaient patiemment dans le couloir de pouvoir pénétrer dans la chambre !

Ils l'ont suivi lors des différentes étapes de son parcours médical. Quand on s'occupait de lui comme d'un enfant en lui faisant la toilette, cette première fois où il a pu se nourrir et boire autrement que par perfusions, l'embolie pulmonaire qui est venue s'ajouter à la souffrance qu'il endurait déjà, la morphine qui le faisait parfois délirer et lui provoquait des hallucinations. Après avoir été hospitalisé chez des amis, il a intégré l'hôpital militaire de Percy où les soins nécessaires à son handicap lui seront prodigués. Il y suivra de nombreuses séances de rééducation. Il a fallu tout réapprendre : se tenir debout, faire quelques pas, puis enfin marcher.

Claude-Emmanuel ne s'est jamais plaint de son sort. Au début, son souhait était de pouvoir se déplacer malgré tout, même en boitant. À présent, il est plus optimiste quant à sa capacité de remarcher en limitant les séquelles dues à l'attentat.

Il lui a fallu relater maintes fois cette soirée du 13 novembre.

« Je n'avais pas d'images, aucune, à part le plafond du bar. J'ai des réminiscences de bruits, de gémissements, de plaintes dans le café, mais voilà, je n'avais pas d'images, donc pas de cauchemars. Ça me préservait et ça me préserve encore car je n'en ai toujours pas. J'ai beau la raconter trois-cents fois, ça ne banalise pas cette soirée, ces impressions. J'ai une émotion à chaque fois que je l'évoque, comme là, au moment où je vous en parle. Mais à présent, je suis lassé de la raconter. »

Du reste, il aborde peu les souvenirs de l'attentat avec les autres victimes du 13 présents dans le même service. Quelque chose les lie mais ce quelque chose doit rester indicible et invisible. La parole, il la réserve à ceux qui ne savent pas, qui ne peuvent pas savoir.

« Les attentats, c'est une grande tempête dans ma tête, il me semble que j'ai perdu ma capacité de me concentrer pour réfléchir. J'ai besoin de prendre de la distance, du recul. J'ai des choses à dire et je l'écrirai dans un livre mais j'ai besoin pour ça de discrétion, me réfugier dans le silence pour me retrouver. J'envisage de retravailler mais pour l'instant je n'arrive pas à y penser. » Parole de victime.

Il sait qu'il n'est pas obligé d'aller bien à tout prix même s'il avoue n'éprouver aucune haine. Toujours observateur, il jauge la situation et préfère une fois de plus se livrer à une analyse globale des attentats plutôt que de suivre fiévreusement les informations relatives à la traque des terroristes. Les tenants et les aboutissants de cette funeste soirée l'intéressent plus que la soirée elle-même. Il constate qu'« on a abandonné les cités et les banlieues en permettant ainsi à toutes sortes d'extrémismes de s'y installer » et craint « de céder à la peur et à la diabolisation qui amènerait une situation encore plus grave que celle qu'on a pu vivre en novembre ». Ces réflexions seront peut-être un des sujets qu'il abordera dans le livre mais en attendant, il fera un détour par la Bonne Bière en compagnie de l'inconnu rencontré place de la République, avec lequel il a gardé contact. Ce dernier a été grièvement blessé au pied mais est sorti de l'hôpital. Ils pourront enfin prendre commande.

Au début de sa convalescence, Claude-Emmanuel, interrogé par des journalistes, avait avoué : « J'ai un moral d'enfer ».

V

DE PETITE FRAPPE À PLÉNIPOTENTIAIRE DE LA MORT

Abaaoud n'est pas un nom de famille arabe, mais berbère. *Amazigh,* comme diraient ses lointains cousins restés au bled. Le mot désigne aussi bien la langue, le *tamazight,* que le peuple et sa culture. Pourtant, Abdelhamid Abaaoud ne parlait pas plus la langue des *Hommes libres* – comme ils se définissent eux-mêmes – qu'il ne maitrisait l'arabe. Il parlait surtout en français, et avec un fort accent belge. Pour toute identité, il a choisi de s'inféoder à l'État islamique en Syrie et en Irak. Un Daéchien donc. Seule une parfaite ignorance peut mener à un pareil chaos identitaire. Pas étonnant pour un jeune homme qui a tourné le dos au savoir et cru se contenter de la lecture d'un seul livre : le Coran. En réalité, celui que les médias ont pompeusement qualifié de « cerveau des attentats du 13 novembre », paraît plutôt avoir été une petite cervelle. Et un grand criminel.

La première fois que le monde verra sa face, c'est dans une vidéo particulièrement scabreuse de l'État islamique. Il y apparaît dans toute sa laideur physique, en barbe hirsute et haillons sales de circonstance, souriant à pleines dents au volant d'une voiture.

« Avant, *soubhan Allah*[1], on tractait des jet-skis, des quads, des grosses remorques remplies de cadeaux, de bagages pour aller en vacances au Maroc. Maintenant, on tracte les infidèles, ceux qui combattent l'islam. »

Cette cargaison qui le rend si fier, ce sont des corps de civils syriens, morts pour qu'Abaaoud et ses semblables puissent vivre pareils émois de virilité. Il s'exprime en français parsemé de mots de mauvais arabe, des quasi-onomatopées qu'il répète machinalement parce que ça fait plus musulman. Après tout, peu importe l'éloquence lorsque l'on s'affaire à pareilles besognes. Sa personnalité narcissique fait de lui l'un des djihadistes les plus actifs sur les réseaux sociaux, prolixe même sur Facebook suite à son ralliement à Daech, notamment sur la page de la *Katibat al-Mouhajirin*[2]. Il aime mettre en scène les atrocités qu'il commet, ou celles qu'il s'attribue, pour se montrer en vaillant combattant d'Allah, sans merci envers les « infidèles ». Depuis sa plus tendre enfance, il fera montre d'une constante : l'héroïsme, il ira le chercher dans le caniveau s'il le faut. Pour certains, ses activités

1 « Louange à Dieu ».
2 « Le bataillon des immigrés ».

sur le Net ne sont qu'un moyen de faire diversion pour tromper les services de renseignements occidentaux. Abaaoud s'est d'ailleurs enorgueilli de pouvoir rentrer *incognito* en France, en passant par la Grèce, caché au milieu des flots d'immigrés, alors que la justice belge l'avait condamné par contumace en juillet 2015 à vingt ans de réclusion pour son rôle dans le recrutement de djihadistes européens pour la Syrie. Mais pour Abaaoud, tout n'est pas que tactique, car il prend visiblement beaucoup de plaisir à commettre des actes de sadisme. En 2014, dans une vidéo récupérée par l'Armée Syrienne Libre, l'ASL, il joue au football avec une tête décapitée. Sans doute y avait-il d'autres moyens de servir Allah.

Vendredi 13 novembre, alors que la France compte encore ses morts, le terroriste prend la ligne 9 du métro à la station Croix de Chavaux à Montreuil. Il est 22 h 14, et il vient d'assassiner à l'aveuglette un nombre de personnes qu'il ne connaît pas encore, en mitraillant des terrasses de cafés dans le XIe arrondissement depuis sa Seat noire, abandonnée à quatre-vingts mètres de là. Les caméras de surveillance révèleront ultérieurement qu'il se permettra le luxe de passer le portique sans ticket.

Né le 8 avril 1987 à Anderlecht, commune du sud-ouest de Bruxelles, Abaaoud ne pourra pas faire valoir cette maudite « inégalité des chances » devant l'Éternel pour justifier ses actes criminels. En 1999, alors âgé de douze ans, le petit Abdelhamid, aîné de six enfants, est inscrit par ses parents au Collège Saint-Pierre à Uccle, l'une des communes les plus bourgeoises de la capitale belge. Également située au sud-ouest de la ville, elle est réputée pour ses demeures luxueuses et ses grands espaces verts. Non, le terroriste qui hait l'Occident n'y a pas connu que le ghetto. Son collège, sous-direction laïque depuis 1986, est un établissement de renom, certains de ses anciens élèves sont devenus historiens, hommes d'affaires, journalistes, comédiens ou dessinateurs de presse. Abaaoud, lui, n'y restera qu'un an, et y laissera une réputation de « petit con », comme l'a qualifié l'un de ses anciens camarades dans la presse belge. À l'école, alors qu'il n'était encore qu'un adolescent pré-pubère, il s'amusait déjà à voler les portefeuilles des élèves et des professeurs. À la promesse du savoir et de la réussite, il préfère la petite délinquance. Il quittera finalement Saint-Pierre, au grand soulagement de ceux qui l'y côtoyaient, pour traîner à Molenbeek-Saint-Jean, commune de l'ouest de Bruxelles où réside sa famille. L'endroit n'était pas encore la poudrière salafiste qu'il est devenu aujourd'hui, mais un quartier populaire avec des populations principalement « allochtones », issues des différentes immigrations, mais principalement originaires du Maroc, qui fournit la plus grande communauté d'immigrés en Belgique. Molenbeek n'est pas une banlieue, ni une agglomération de barres HLM comme on en connaît en France, mais une commune à part entière du tissu urbain bruxellois.

La densité humaine y est certes plus élevée qu'ailleurs, mais la vie de quartier, les marchés et les commerces y évoquent surtout une diversité affirmée telle que prônée par les chantres du multiculturalisme. Depuis l'enfance d'Abaaoud, la population de Molenbeek n'a pas changé, mais les mentalités si. À l'époque où le petit Abdelhamid accompagnait sa mère au marché, il n'y avait ni femmes en voile intégral, ni même en *hijab*, et encore moins des petites filles de son âge qui le portaient. Si le quartier s'est islamisé, c'est à cause de ses habitants, et non le contraire. Adolescent, Abaaoud y enchaîne les menus larcins et s'y fait rapidement connaître pour des faits de petite délinquance. L'écolier destiné à un bel avenir, celui qu'auraient souhaité ses parents, se sent définitivement plus à l'aise dans la peau du petit caïd sans lustre dans le milieu des petites frappes bruxelloises.

Quoi de plus commun en Europe à la fin des années 90 que ces bandes de garçons supposément révoltés, issus de la deuxième, voire de la troisième génération de l'immigration maghrébine, qui fument des joints dans la rue, cassent des équipements publics, brûlent des voitures ou volent dans les magasins ? Ces « blousons noirs », plutôt repérables à leurs marques de survêtements, livreront quelques années plus tard un redoutable vivier de terroristes au continent. Mais au début des années 2000, alors que le 11-Septembre n'allait pas tarder à passer par là, des voix s'élèvent contre la « stigmatisation » et rachètent dans le lot de l'antiracisme les actes d'Abaaoud et de ses semblables en leur donnant une profondeur politique qu'ils n'ont jamais eue.

« Exclusion », « racisme », « marginalisation », des excuses sont livrées clés en mains au jeune Abdelhamid qui en usera et abusera à chaque fois qu'il allait être confronté au pouvoir coercitif. Transgresser les lois de la société était devenu un droit, puisqu'il en était lui-même une victime. Ce n'était pas lui qui le disait après tout, mais des gens très bien-pensants. Puisque l'identitaire était porteur, qu'il excusait tous ses forfaits et qu'il le distinguait du terne lot des délinquants de droit commun pour en faire un objet d'apitoiement social, Abaaoud allait en faire la quintessence de sa personnalité. Il ne sera plus un Belge comme les autres, mais un musulman avant tout.

Voilà comment s'enclenche la bombe à retardement qui allait faire de lui l'un des hommes les plus haïs, les plus méprisés d'Europe des années plus tard. Son propre père, Omar, arrivé en Belgique il y a plus de quarante ans, désavoue après sa mort l'argumentaire victimaire de ceux qui ne voient en son fils que le résultat légitime de la morgue occidentale, éternellement coupable. « Nous avions une belle vie, une vie fantastique même. Nous devons tout à ce pays », dira-t-il à la presse belge. Commerçant appartenant à la classe moyenne, l'homme était las des déboires de son aîné avec la justice, et avait fini par l'employer dans son commerce. Il dira de lui qui était « doué pour la vente ». Ce fils indigne « qui a couvert de honte toute la famille », son père ne lui pardonnera jamais d'être à l'origine du plus grand drame des Abaaoud de Bruxelles. Le 20 janvier 2014, Abdelhamid attend son jeune frère Younes, âgé de treize ans, à la sortie de l'école et l'embarque vers Cologne d'où ils s'envoleront pour Istanbul, puis rejoindront l'État islamique. Ils avaient pourtant été contrôlés à l'aéroport de Cologne, mais pour la police aux frontières, il n'y avait rien à signaler. Les frères Abaaoud étaient alors accompagnés d'une autre recrue d'Abdelhamid, un jeune malien qui trouvera la mort en Syrie. Younes qui apparaîtra plus tard dans plusieurs photos, une arme de combat à la main ou posant avec une ceinture d'explosifs, était alors considéré comme le plus jeune combattant étranger de Daech.

Abdelhamid avait tourné le dos à l'école au même âge, et connut ses premières interpellations dès 2002, alors qu'il était âgé de quinze ans. À peine la majorité atteinte, entre 2006 et 2012, il multipliera les incarcérations pour des durées n'excédant jamais trois mois. Si son père croit situer le début de sa radicalisation à sa dernière sortie de détention, les renseignements savent qu'il a rencontré Salah Abdeslam, autre suspect des attentats du 13 novembre, dès 2010. Les deux hommes ont commis un cambriolage ensemble qui leur vaudra un séjour en prison la même année. Ce qui rend le profil d'Abaaoud si particulier pour les services, c'est justement les liens qu'il a entretenus avec les autres terroristes. Les frères Kouachi, Mehdi Nemmouche, Amedy Coulibaly, Sid Ahmed Ghlam ou encore Ayoub El Khazzani ; ils ont tous croisé son chemin. Mais si ses réseaux remontent à des années, ce n'est que quelques mois avant de rejoindre l'État islamique, en février 2013, qu'il commencera à porter la barbe et à arborer un accoutrement afghan, arguant ainsi se rapprocher de ses origines marocaines.

L'enfant de Molenbeek « à la personnalité de suiveur » selon l'un de ses anciens avocats, arrivera toutefois à gravir les échelons de la hiérarchie du Califat. De croque-mort, il sera promu commandant militaire de la province de Deir el-Zor. Personne ne connaît ses faits d'armes face aux forces loyalistes de Bachar qui disputent la ville et son aéroport à l'État islamique depuis 2014. C'est surtout en tant que fossoyeur de cadavres qu'il restera dans l'Histoire. Et ce n'est pas faute d'avoir tenté plusieurs fois d'y laisser son nom.

Ses petits succès et son introduction dans les milieux djihadistes européens feront de lui l'un des lieutenants les plus en vue du Calife. Abou Bakr al-Baghdadi aurait été en contact direct avec lui pour commanditer les opérations internationales. Un diplomate du terrorisme en quelque sorte. Est-ce tant l'agilité d'Abaaoud ou l'incompétence des services européens qui lui permettent autant de liberté de circulation, alors même qu'il est identifié et condamné par la justice belge ? Après l'assaut où il a trouvé la mort à Saint-Denis, la police saisira un téléphone portable lui ayant appartenu et y découvrira des photos de voyage à Londres et à Birmingham datant de 2015. Il a pu y rencontrer certains pontes du djihadisme, interrogés et mis sous surveillance depuis, et même faire du « tourisme » en prenant des photos de monuments londoniens. Prévoyait-il de commanditer des attaques en Grande-Bretagne également ? Probablement.

Dans la soirée du 15 janvier 2015, alors que la France est encore traumatisée par les attentats contre *Charlie Hebdo* et l'Hyper Cacher, les forces spéciales belges mènent l'assaut dans une ancienne boulangerie de Verviers, petite ville francophone située en province de Liège. Composée de Marouane El Bali et de Sofiane Amghar, tous les deux petits délinquants radicalisés, ainsi que de Khalid Ben Larbi, djihadiste fraîchement revenu de Syrie, la cellule terroriste projetait de commettre des attentats le lendemain même en Belgique. Les terroristes avaient prévu d'attaquer le quartier général de la police fédérale et le commissariat de Molenbeek, où Abaaoud avait sans doute quelques comptes à régler. Pour la signature de l'État islamique, il était également prévu d'enlever une personnalité influente au sein des services de sécurité et de filmer sa décapitation. Lors de l'assaut, Amghar et Ben Larbi trouvent la mort, quant à El Bali, il est capturé vivant et interrogé par la police. L'enquête démontrera qu'Abdelhamid Abaaoud, pourtant absent des lieux, était le « cerveau » de l'opération qu'il aurait coordonnée en donnant des instructions de son téléphone portable depuis Athènes. Repéré par la police grecque, il fait l'objet d'une tentative d'arrestation mais réussit à s'échapper et rejoindre la Syrie. Début février, 2015, il accordera une interview au magazine *Dabiq* de l'État islamique où il se vantera d'avoir réussi à retourner sur le sol belge, y établir une cache d'arme et y organiser des attentats déjoués au dernier moment.

Abou Omar al-Soussi s'est fait une *kunya,* un nom de guerre. Dans la sous-culture islamiste, il est d'usage de jeter aux orties son prénom païen en même temps que ses habits occidentaux. Abdelhamid, malgré son prénom très musulman, choisira de s'appeler Abou Omar, père d'Omar, alors qu'aucun mariage ou enfant ne lui est connu. Son titre al-Soussi, rend hommage à ses racines berbères. Province marocaine ayant pour chef-lieu la ville d'Agadir, le Souss est une quintessence d'amazighité. Si les universités casablancaises sont gangrenées par l'islamisme depuis les années 80, l'université d'Agadir, elle, est un phare de la revendication culturelle amazighe, laïque par essence. Pour les Amazighs, l'arabité en tant que corollaire de l'Islam est vécue comme un carcan culturel imposé au détriment de leur identité première. Pour la plupart des enfants du Souss, l'arabe est une langue étrangère que l'on commence à apprendre à l'école à l'âge de sept ans. Abdelhamid, lui, n'en savait probablement rien. Sans doute avait-il entendu son père parler *chelha* – appellation de la langue berbère en dialecte marocain – en famille, mais cela n'avait visiblement pas éveillé en lui la volonté de l'apprendre. D'ailleurs, ses co-lieutenants de Daech ne s'y sont pas mépris, car il sera surtout connu dans sa nouvelle patrie comme Abou Omar al-Baljiki. Un Belge donc.

Il faut aller à Ouled Teïma, au Maroc, pour comprendre l'attachement d'Abdelhamid Abaaoud à ses origines soussies. L'agglomération est située sur la nationale 10 entre Agadir et Taroudant, équidistante de quarante-quatre kilomètres de chacune des deux villes. Chef-lieu des *houara,* tribus arabisées vivant en milieu berbérophone, c'est ici que la famille a choisi de s'établir depuis trois générations. L'arrière-grand-père d'Abdelhamid était un berger des *Issendalen,* tribus nomades de la région de Tidsi, petit bourg de la province de Taroudant. Il a quitté sa montagne natale avec ses fils pour travailler comme ouvrier agricole à Ouled Teïma.

Dans la petite ville aux rues poussiéreuses et aux bâtiments ocres, aux couleurs du sud marocain, pas de marina de luxe comme à Agadir, ni de palaces fréquentés par les chefs d'État comme à Taroudant. Ici, on est loin du Maroc glamour, et peu de touristes jugent utile de marquer un arrêt, si ce n'est pour avaler un tagine dans les innombrables bouis-bouis qui s'alignent le long de la nationale et d'où montent d'alléchantes fumées de méchoui.

C'est dans cette petite ville de soixante-six-mille habitants que vit encore Hmad, le grand-père paternel du terroriste, un nonagénaire reclus chez lui depuis qu'il a perdu la vue. Dans un petit immeuble de couleur jaune pâle aux fenêtres peintes en rose, son appartement du deuxième étage est facilement repérable de l'extérieur, car c'est le seul qui possède un climatiseur. Les Abaaoud à Ouled Teïma sont des nantis, devises belges obligent. C'est que l'immigration chez eux est une vieille tradition de famille. Tous les frères de Hmad ont émigré en Europe, et lui-même était parti en France au début des années 60 pour travailler dans le bâtiment, mais s'est très vite établi à Charleroi en Belgique comme ouvrier des mines. Au milieu des années 70, il décide de rentrer au pays, se marie et fonde une famille. Il aura deux filles et un garçon, Omar. À deux pas de chez lui se trouve la maison qu'a fait construire ce fils qui a si bien réussi dans le commerce en Belgique, mais dont la progéniture a si mal tourné. C'est au quartier Ennahda 3 – Renaissance 3 –, plus connu comme *Hay el Villat* – quartier des villas –, qu'Abdelhamid venait chaque année passer ses vacances en famille.

À Ouled Teïma, les jeunes parlent fièrement de l'enfant prodige de la ville, Badr Hari, champion de kickboxing né à Amsterdam et « copain de Ronaldo », mais se font moins diserts sur Abaaoud. Ses proches, mi-incrédules, mi-honteux, préfèrent pour la plupart garder le silence. Ses potes du bled, eux, se souviennent d'un jeune frimeur qui roulait des mécaniques. Le fameux quad qu'il évoque dans sa vidéo de croque-mort a réellement existé, et laissé de sacrés souvenirs dans le coin.

« Il passait ses journées à vadrouiller avec. Mais c'était aussi un mordu de moto, chaque année, il en avait une nouvelle », se souvient un voisin. Ici, avec ses jouets rutilants, il faisait rêver les gamins pauvres et s'en délectait. Ses copains évoquent aussi son accoutumance à la PlayStation et les « challenges » qu'il organisait pour les jeunes du quartier. Tout ça, c'était à l'époque « où il n'avait pas de barbe et ne faisait pas la prière », se souvient l'un d'eux. Younes, le frère d'un ami d'enfance, avait bien remarqué son changement lors de son dernier voyage au pays :

« Je lui avais dit : Abdelhamid, tu veux pas faire une partie de Play ? Il m'a répondu de le laisser tranquille, qu'il avait pris un chemin différent auquel je ne comprendrais rien. »

Les frasques des frères Abaaoud, gâtés et versés dans la petite délinquance, sont bien connues à Ouled Teïma. Ici, les habitants parlent d'un épisode qui a échappé aux radars des services de renseignements européens : le passage d'Abdelhamid par une école coranique en Égypte. Omar, le père, jouit au bled d'une réputation de sérieux et de droiture. Exaspéré par les inconduites de son garçon, il a jugé bon de le « remettre sur le droit chemin » en le plaçant dans cette *madrasa* du réseau Al-Azhar au Caire.

L'information est confirmée par son frère Yassine, également connu pour des petits faits de délinquance, lorsqu'il est interrogé par la police belge au début de 2014. Pour lui, il ne fait aucun doute que son frère a effectué une courte étape en Égypte avant de se rendre en Syrie. Le discours d'Omar condamnant fermement l'islamisation de son fils en prison semble pour le moins équivoque à la lumière de cette information. A-t-il lui-même jeté son fils dans la gueule du loup ? Comment aurait-il pu se méfier d'une religion parée de toutes les vertus ? Depuis la mort d'Abdelhamid, le père a déserté son commerce et sa maison de Molenbeek pour rentrer au Maroc, mais il n'est pas non plus dans le quartier des villas à Ouled Teïma. Ses proches ici disent qu'il préfère sillonner le pays en voiture « pour oublier », ou pour fuir. Les Abaaoud du coin disent en revanche ignorer qui est Hasna Aït Boulahcen, cette cousine morte lors de l'assaut donné par les forces de l'ordre contre la dernière planque du terroriste à Saint-Denis. Brahim, vieil oncle d'Omar âgé de soixante-dix ans, dit ne pas la connaître, mais n'exclut pas qu'elle ait un lien de cousinage avec le jeune Abdelhamid du côté de sa mère, également berbère originaire du Souss. C'est elle qui précipitera involontairement la mort de son cousin, qui serait probablement toujours en vie s'il n'avait pas cette fâcheuse tendance à frimer.

La traque d'un terroriste comme Abdelhamid Abaaoud est un véritable casse-tête pour les différents appareils de services secrets. À l'annonce de sa mort, la presse marocaine, rarement relayée à l'international et réputée aux ordres, attribue la gloire de la découverte de sa cachette aux renseignements chérifiens. Encore cet irritant mensonge de « lutte contre le terrorisme » de la part de pays qui le promeuvent allègrement dans leurs programmes scolaires. La version, aussi fausse que plébiscitée par les médias locaux, est érigée en vérité nationale. Bon nombre de Marocains crédules sont aujourd'hui persuadés que ce sont les vaillants « services de Sa Majesté » qui ont sauvé la France d'un imminent péril. Lorsque la vérité sera enfin faite sur l'assaut de Saint-Denis, elle sera passée sous silence dans le pays d'origine des Abaaoud.

Il a fallu près de trois mois après le 13 novembre pour que celle que les médias appelleront « Sonia » prenne la parole. C'est grâce à elle, et non aux agents marocains, que la planque du terroriste sera découverte, l'empêchant ainsi de commettre d'autres attaques meurtrières en région parisienne. Avec son complice Chakib Akrouh, également mort lors de l'assaut, ils prévoyaient de commettre des attentats le jeudi 19 novembre contre un centre commercial, un commissariat et une crèche à la Défense. Amie de Hasna Aït Boulahcen, Sonia, elle, se trouvait en sa compagnie lorsqu'un numéro belge l'a appelée sur son portable. La jeune femme lui expliquera que c'est son cousin qui lui demande d'aller « chercher quelqu'un pour lui trouver un hébergement ». Rendez-vous est fixé au 2, rue des Bergeries à Aubervilliers, et les deux copines s'y rendent ensemble. Il s'agit d'une zone industrielle située en contre-bas de l'autoroute A86. À l'autre bout du fil, la voix masculine s'entoure de mille précautions avant de jaillir des buissons. Sonia le prend d'abord pour un Rom. Affublé d'un bob, un bombers et des baskets orange, il sourit à pleines dents aux deux jeunes femmes. Cela fait deux nuits qu'il est planqué dans cet « igloo végétal » comme le qualifieront les forces de l'ordre. C'est ici qu'il est venu après avoir pris le métro à Montreuil le soir du 13 novembre. Devant Sonia, il reconnaît avec une fierté certaine avoir participé aux attentats : « Les terrasses, c'est moi ». Ses victimes ne sont pas innocentes, car « il faut regarder ce qui se passe chez nous en Syrie », explique-t-il à la jeune femme. Il lui révèle également qu'ils sont plus de quatre-vingt-dix en Île-de-France, des Irakiens, des Syriens, des Anglais, des Allemands, des Français... Tous arrivés de Syrie en empruntant les mêmes chemins que les vagues successives de réfugiés, avec l'objectif de commettre des attentats au nom de l'État islamique. Frime ou réalité ? La vérité est sans doute entre les deux. Avant de se planquer au 8, rue du Corbillon, chez Jawad Bendaoud à Saint-Denis, Abdelhamid remet de l'argent à sa cousine pour acheter deux costumes et deux paires de chaussures, déguisement prévu pour commettre les attentats de jeudi à la Défense.

Sonia tente de convaincre son amie de prévenir la police, mais elle refuse obstinément. « Il va finir son travail et repartir », se justifie-t-elle. Son travail, c'est de tuer des innocents. Hasna, vingt-six ans, dont le père et la sœur sont retournés vivre au Maroc, est qualifiée d'« ivrogne qui n'a rien à voir avec la religion » par son frère Youssef dans le journal britannique *Daily Mail*. Ses photos sur Internet révèlent une personnalité proche de celle de son cousin : narcissique, sans constance idéologique et mue par l'envie de faire du mal. « Rien à voir avec la religion » ? Peut-être. Mais la jeune femme n'a jamais caché son admiration pour le *djihad*, voire son souhait de se marier avec un Afghan. Elle était également fan de Hayat Boumediene, la compagne d'Amedy Coulibaly. Mi-Zahia, le sex-appeal en moins, mi-Diams, Hasna ne sait si ce sont ses charmes physiques qu'elle doit mettre en valeur sur ses photos Facebook, comme celle où elle apparaît dans son bain, ou sa foi islamique qu'elle revendique en portant le voile. Voiler un corps, finalement, revient au même que de le dévoiler à outrance. Dans les deux cas, il est considéré comme un objet sexuel. Mais tout ça, Hasna n'en sait rien. Elle mourra dans l'assaut donné par les forces du RAID et de la BRI, dans la planque qu'elle a trouvée pour son cousin et son complice, sans trop savoir pourquoi finalement. Si son cousin, au physique si ingrat sur terre, pouvait espérer une récompense sexuelle dans l'au-delà en obtenant ses soixante-douze vierges, la *charia* n'a jamais précisé si les femmes mortes en martyrs avaient droit à autant de puceaux.

VI

K., POMPIER BLESSÉ AU BATACLAN

C'est donc ainsi qu'on meurt, se dit-il, se sentant partir petit à petit tandis qu'il voit autour de lui la nuée des secouristes qui s'agitent et parlent fort pour ne pas le laisser sombrer.

K. a ce sentiment étrange d'assister à sa propre mort, le corps raidi par deux injections de curare, un puissant anesthésiant, totalement immobilisé, privé de mouvements, mais la conscience et la vue pourtant en éveil. Toute la douleur qu'il avait supportée jusqu'alors, pour s'éloigner le plus loin possible du cauchemar, est oubliée. L'équipe médicale de secours tente les massages cardiaques, lui insère dans la bouche une canule pour maintenir ouvertes ses voies aériennes, s'acharne ensuite à le faire remonter du grand sommeil où il s'enfonce malgré les chocs de défibrillateurs. Il connaît tous ces gestes par cœur; il les a déjà vus mille fois. Il connait le moindre enchaînement, le moindre mot.

Il sait ce qui vient. Il sait comment. Il sait pourquoi. Alors c'est comme ça que d'être de *l'autre côté*. C'est ça être dans la peau de celui d'en face, le malade, le blessé, le presque mort, celui qui ne peut plus rien ou presque, qui ne maitrise plus tout à fait son corps, ni plus tout à fait sa vie. Ses yeux se révulsent, la vie s'éloigne lentement. Emprisonné par le curare, son pouls est faible et son corps ne réagit plus. Il reste toutefois conscient de l'univers qui l'entoure mais qu'il va bientôt quitter. Puis il entend cette voix derrière lui, la voix de M., sa petite amie, qui lui demande de *s'accrocher* : « Tu ne peux pas me laisser », gémit-elle.

Alors que les effets de la substance injectée commencent à s'estomper, il se dit qu'il doit bien y avoir un moyen pour *s'accrocher* : peut-être quelque chose à saisir pour aider la vie à remonter, pour demander au cerveau de ne pas abdiquer, pour forcer le corps à ne pas flancher. Il faut accepter de combattre contre soi-même et continuer d'écouter les suppliques de M. qui sonnent comme autant de mots d'encouragement. Se laisser hisser peu à peu vers la lumière, aidé par le ballet acharné des soignants.

K. remonte à la surface.

« Je ne sais pas si entendre M. m'a aidé, mais je pense que oui. »

K. revient au monde. Une seconde naissance, douleuse, consciente et fragile. Il est ensuite endormi afin d'être transporté par un camion de premiers secours à l'hôpital militaire Bégin, directement au bloc opératoire. Il y restera toute la nuit, avec le bruit des machines, les gémissements, les lumières crues, les ombres, le vide, jamais bien loin. Deux autres arrêts cardiaques suivront. Mais le lendemain, K. se réveille. La mort n'a pas voulu de lui.

Quand ses paupières s'ouvrent, le jeune homme de vingt-sept ans est désorienté mais, très vite, le personnel qui est resté à ses côtés, lui apprend ce qui s'est passé et l'aide à retrouver ses souvenirs. Le concert, ses amis, son amour, l'attaque, les blessures, la fuite, l'improbable. On lui annonce également que le véhicule qui le transportait a percuté un camion de CRS pendant le trajet et fait quelques tonneaux alors qu'il dormait. Trois camions de secours ont été dépêchés pour emmener les victimes de l'accident, heureusement toutes sans gravité. On lui parle de ses arrêts cardiaques, de ce qu'il a subi lors de l'intervention chirurgicale. On entre dans les détails. K. regarde sa jambe droite. Elle a été agrafée et deux broches l'enserrent fermement afin de la maintenir. Le jeune homme se souvient que la veille, elle se baladait de gauche à droite comme celle d'une poupée de chiffon. Les images reviennent. Son membre était mort mais lui était vivant. Vivant et lucide. Il sait que plus rien ne sera comme avant, et se souvient surtout des circonstances qui l'ont plongé dans cet état, de cette soirée qui s'annonçait belle et qui lui a fait voir la mort de si près.

« Je me suis toujours souvenu de tout. »

Le vendredi 13 novembre, accompagnés d'une amie, M. et K. se rendent au concert des Eagles of Death Metal au Bataclan. C'est une surprise de M. pour célébrer leur première année de couple. Ils arrivent en retard, M. ayant été retenue par le travail. Ils avaient prévu d'être dans la fosse, au cœur de l'action, mais impossible d'y accéder avec la foule déjà présente. Ils se contentent donc de siroter tranquillement près du bar. Ce retard, un peu boudé par K., leur sauvera la vie en leur permettant de fuir plus facilement la scène d'horreur imminente. Dans cette vie d'avant, être près du bar est surtout une frustration.

À 21 h 47, comme l'atteste l'heure des photos et vidéos encore festives, les terroristes arrivent au Bataclan, entrent dans la salle et tirent en l'air. K., qui se trouve à gauche du bar, les voit distinctement entrer par la droite. Il sera établi par la suite, après que la police recueille son témoignage, qu'il s'agissait de Samy Amimour, ancien chauffeur de bus à la RATP et qui s'apprêtait, à ce moment-là, à tirer sur la foule avant de se faire exploser dans la salle de spectacle. Des souvenirs que K. n'oubliera jamais.

« La première chose que vous entendez, c'est la mitraille. Au début, je n'ai pas compris, j'ai cru que ça faisait partie du spectacle. Je vois le terroriste tirer en l'air. Il avait des pains d'explosifs autour de la taille. Puis ensuite, il pointe son arme sur la foule. Et là, devant lui, les gens s'écroulent un a un, les uns derrière les autres, comme des dominos. »

Les sons non plus, K. ne les oubliera pas. « Couchez-vous-tous ! » ordonne le kamikaze. La panique redouble, K. entend des cris, voit les gens courir dans tous les sens mais la plupart obéissent et se couchent.

Lui-même plonge à terre, son téléphone encore à la main, saisi sur le vif au moment où il prenait une vidéo du spectacle.

« Là, il commence à tirer partout et il a commencé à tirer vers nous. C'est là que j'ai pris deux balles dans la jambe droite. C'est Samy Amimour qui m'a blessé. » K. prononce le nom du terroriste. Il a besoin de savoir qui est responsable.

En recevant ces deux balles, K. hurle mentalement de douleur. Il ne faut en aucun cas qu'il se fasse remarquer et serve de cible. Malgré les insoutenables douleurs à la jambe, il continue de faire le mort. Encore aujourd'hui, il lui peine à décrire ce qu'il a ressenti à l'impact des balles de kalachnikov. Il faut avoir subi certaines choses pour savoir.

Mais l'heure est aux discours. Aux explications. Aux revendications sordides. Les motivations des assaillants sont révélées lorsque ceux-ci prennent la parole, au milieu du carnage, pour expliquer aux spectateurs les raisons de leur assassinat imminent : ces actes sont perpétrés pour sanctionner la politique internationale de « votre président » et l'implication de la France dans la guerre en Syrie. K., sous le choc, peine à suivre ce verbiage, mais parvient à saisir que l'un des assaillants demande à un complice « d'aller chercher les lance-roquettes ». Plusieurs otages affirmeront aussi avoir entendu les tueurs parler de lance-roquettes.

C'est un cauchemar. La terreur est totale.

« À ce moment-là, je me suis dit, ça y est, c'est fini, je vais mourir. »

La mitraille ne cesse pas, on entend des gémissements, des hurlements, que couvre le bruit assourdissant des tirs. Dans ces moments-là, la vie est plus forte. On ne pense qu'à s'en sortir. Quel qu'en soit le prix, la situation et l'horreur. K. regrette *a posteriori* ce souhait égoïste :

« Pourvu qu'ils continuent de tirer là où ils tirent et qu'ils vident leurs chargeurs. Au moins, l'endroit où je suis sera protégé et peut-être qu'ils partiront. »

La fusillade dure dix minutes, « les plus longues de ma vie ». Puis la mitraille cesse enfin. Un répit dû à la montée des kamikazes vers les balcons. Une fille, mue par un espoir fou, crie : « Ils sont partis ! Ils sont partis ! » Tout le monde veut vivre. À ce moment précis, sans réfléchir, à peine maître de ses gestes mais guidé par son instinct, K. se lève, se mettant ainsi à découvert, et fonce à cloche-pied vers la sortie de secours – repérée avant les fusillades. Réflexe de pompiers peut-être, puisque le jeune homme, en congés ce jour-là, fait partie de la brigade de sapeurs-pompiers de Paris et officie au sein de la caserne de Valenton.

Une issue vers la liberté mais aussi une issue sur une petite ruelle d'où il entend des tirs nourris qui viennent bel et bien de l'extérieur. Des gens fuient tout comme lui. « J'ai découvert une véritable scène de guerre. » Au milieu de celle-ci, il a le soulagement de retrouver M. qui a réussi elle aussi à déguerpir avec leur amie. Au moins ça. Le reste est un calvaire.

Tout résonne dans son corps transformé en gong et la douleur est atroce. Le jeune homme peine à continuer debout. M. tente difficilement de le traîner. Elle demande de l'aide à un des fuyards qui tire le corps de K. en dehors de la ruelle, au croisement d'une avenue. K., à l'abri, constate enfin l'état de sa jambe. Elle est brinquebalante, le membre est mou, mort. Le pompier ne se fait guère d'illusion quant à l'avenir de sa jambe et comme il le dira avec un sourire : « Je savais qu'il faudrait que je lui dise au revoir. »

Mais l'urgence est à l'hémorragie qu'il faut juguler au plus vite ; elle est grave et le jeune homme perd beaucoup de sang.

« J'ai demandé au mec de me faire un garrot. Il a enlevé sa ceinture, me l'a donnée et est parti en courant, alors du coup, je me le suis fait moi-même. La copine de M. a aussi enlevé sa ceinture car elle s'était rendue compte que je saignais aussi de l'autre jambe. J'avais reçu un impact mais je n'avais pas mal. M. demande à nouveau de l'aide. Une personne nous a aidés à nous dégager, c'était un policier. Il nous a permis de rejoindre un lieu sûr. Il m'a tiré jusqu'à un poste médical avancé. Je l'ai retrouvé plus tard en le cherchant sur Facebook. »

Ils arrivent ainsi dans un petit local aménagé en poste de secours. Des pompiers s'occupent de lui, le dépose à terre au milieu de ce carré de victimes auxquelles on administre en urgence les premiers soins et qui pourront être évacuées dès que les zones seront sécurisées par la police.

Les blessés, premiers à devoir être dirigés vers les hôpitaux, sont placés au rez-de-chaussée, à l'étage inférieur, ce sont les « vitales », comme les appellent les pompiers qui sont installés, les personnes viables qui ne souffrent que de traumatismes bénins.

Les collègues de K. lui font deux garrots à la jambe droite pour aider à stopper l'hémorragie. Désormais à terre dans ce réduit, l'attente commence. Il n'y a guère d'autre choix, le danger court encore dehors et seul le feu vert de la police autorise tout déplacement. Il faut attendre le plus calmement possible avec la douleur qui, elle, ne connaît pas la patience. Seul l'oxygène peut le soulager mais les moyens manquent cruellement dans ce petit poste avancé et la dizaine de blessés qui souffrent doit se contenter de trois bouteilles qu'il faut utiliser à tour de rôle et avec parcimonie. K. prend quelques inspirations salvatrices, tend la bouteille à son voisin et goûte les effets apaisants mais éphémères du gaz. Il guette le trajet de la bouteille lorsque la souffrance se manifeste à nouveau. L'oxygène tourne et les minutes sont interminables. Les blessés ne s'adressent pas la parole et se contentent de souffrir en silence.

Au bout de deux heures, la zone est sécurisée et il est enfin possible de quitter ce poste de fortune. Un camion de pompiers emmène K. vers un autre poste médical où des médecins peuvent le prendre en charge. Le jeune pompier est alors au plus mal, il a perdu beaucoup trop de sang. C'est là qu'il recevra les piqûres de curare qui raidiront son corps et qu'il échappera de peu à la mort avant d'être transporté à Bégin.

L'hôpital militaire situé à Saint-Mandé s'est préparé à recevoir un afflux massif de blessés graves et cinq blocs opératoires sont ouverts contre un seulement, d'habitude. La mobilisation est totale. À la hauteur du carnage. K. fait partie des vingt-deux victimes qui nécessitent une chirurgie orthopédique. Ses lésions sont extrêmement graves, les muscles et les os de sa jambe ont été pulvérisés. Il reste toute une nuit au bloc opératoire, sous les bistouris, dans une autre dimension.

Quand il se réveille de l'opération, le survivant compte à son actif, depuis la veille, une jambe déchiquetée par deux tirs de kalachnikov, trois arrêts cardiaques et un accident de voiture qui n'a miraculeusement pas aggravé ses blessures. « Miraculé », effectivement, K. l'est vraiment. Miraculé mais salement amoché, et sa jambe est agrafée et ceinte de deux broches. Il passera une seconde fois au bloc pour qu'elle soit refixée – une ultime tentative des chirurgiens pour conserver une partie du corps aux lésions irréversibles.

À l'issue de cette opération, les médecins se présentent à lui et annoncent le choix qu'il doit faire. Entre la peste et le choléra.

« On m'a dit : « Vous avez deux options : soit vous gardez votre jambe et là, vous aurez des douleurs toute votre vie, vous boiterez, vous ne récupérerez pas vos sensations. Des tests ont été faits sur votre plante des pieds, les nerfs sont touchés. Vous risquez aussi une aggravation et une amputation plus tard au niveau de la cuisse ; soit on ampute. Ce sera fait au-dessous du genou, vous pourrez faire ce que vous voudrez après, vous pourrez vivre normalement. » Je m'y attendais un peu, l'amputation, mais ça fait toujours un choc. J'ai demandé une journée de réflexion. C'est un délai court mais je connaissais déjà plus ou moins la réponse, je m'y étais préparé. Certaines personnes ont mis six ans à prendre une telle décision. Au bout d'une journée, j'ai opté pour l'amputation. »

Cela peut sembler surréaliste d'annoncer sereinement à un chirurgien qu'on donne son accord pour se faire enlever une jambe, se dire qu'on va être emmené dans un brancard, son corps entier, intègre, puis regagner plus tard son lit avec un membre en moins. Le jeune pompier est partagé entre le choc que lui procure cette nouvelle et le raisonnement rationnel et raisonnable que son cerveau lui commande. Il comprend qu'en fait, cette amputation, il s'y était préparé plus ou moins consciemment dès lors qu'il avait vu l'état de sa jambe au poste de fortune, une partie de lui-même meurtrie, embarrassante, presque déjà morte.

L'opération a lieu le surlendemain. K., le corps saturé de morphine, est dans un état second. La substance opiacée l'aide à accepter la douleur, la réalité, son sort et à ne pas perdre ses moyens face à une situation irréversible et la gravité de l'acte chirurgical. La première nuit sera un calvaire.

« J'ai eu mal quand on m'a amputé, encore plus mal que quand je me suis pris les deux balles dans la jambe. La nuit, je me suis réveillé plusieurs fois tellement j'avais mal. J'en pleurais. Je n'avais jamais pleuré de douleur. »

Le refuge de la morphine n'abrite qu'un temps. La réalité revient vite. Les questions se bousculent ; K. qui se demande comment envisager sa nouvelle vie. M. a connu un pompier sportif et solide, debout sur deux jambes musclées, athlétique et bien portant. Voudra-t-elle d'un infirme ? Et justement, sa vocation de pompier ? Pourra-t-il continuer à exercer ? Et plus simplement, quel sera son quotidien avec une jambe en moins ? Comment se verra-t-il ?

Il faut accepter ce nouveau corps mutilé, se regarder en entier ou presque : une tête, un tronc, deux bras, une jambe. Il faut songer à l'invalidité, à ce qu'elle engendre pour soi-même et pour les autres, à ceux qui vous regarderont comme un homme incomplet. Un homme à moitié, un infirme. Un poids. Un problème et plus une solution, lui qui a décidé de consacrer sa vie à en trouver pour les autres. À cet instant, la rancœur est énorme.

« Déjà qu'on a du mal à s'accepter, alors les autres... Et tout ça, parce qu'on subit les conséquences dictées par une bande de fous. Je n'ai rien demandé, j'allais juste à un concert. La Syrie et les conflits politiques en général ne m'ont jamais préoccupé, je n'ai jamais pris parti, j'ai trouvé ça injuste. Perdre une jambe, c'est cher payé. »

Mais le terrorisme ne connaît qu'une logique : la sienne, celle de la guerre qu'il mène et qui conduit chaque citoyen à un tribunal militaire dont la sentence est proclamée à coups de balles et d'explosifs.

Contre tout cela, heureusement, il y a l'amour. Rapidement, le sourire de M. saura rassurer K. Elle l'aimera tel qu'il sera. La jambe en moins n'y fera rien. Quant au travail auquel il est dévoué, la brigade de sapeurs-pompiers de Paris ne doute pas que K. pourra à nouveau être opérationnel ; ce n'est qu'une question de temps, de la durée de sa convalescence, avant que le jeune homme ne réintègre sa caserne.

Mais avant de se projeter autant dans l'avenir, il faut impérativement que K. récupère. Sa blessure l'a énormément affaibli. Il n'est plus que l'ombre de lui-même. Physiquement. Psychologiquement. Pourtant, il ne doit pas lâcher. Pour lui. Pour M. Pour la vie qui l'attend. Les premiers jours après l'amputation, il est gavé de protéines destinées à reconstituer ses tissus et lui donner les forces nécessaires pour affronter le combat qui l'attend, un difficile combat, contre lui-même et pour lui-même.

« La première semaine, j'avais une sonde pour les besoins, le personnel hospitalier me rasait, me lavait. Après, j'ai retrouvé le bonheur de me débrouiller seul. Je suis resté au service réanimation encore une semaine de plus, puis je suis monté au service orthopédie où j'ai commencé à faire les choses tout seul. Deux semaines après, donc, la rééducation a pu commencer. J'étais massé, on m'a aussi appris à me tenir en équilibre sur une jambe, puis à marcher avec des béquilles. J'ai me suis mis à me déplacer avec. Et là, j'ai commencé à accepter cette image de moi. De toute façon, je n'avais pas le choix. Mon objectif, c'était d'être autonome le plus vite possible. C'est comme ça que j'ai pu avancer, et ne pas rester sur l'image que j'avais de moi. »

C'est la force de ce pompier. K. est un battant. Ça ne fait plus aucun doute. Mi-décembre, il est transféré dans un autre hôpital militaire, celui de Percy, en pointe pour la rééducation orthopédique. C'est là que viennent réapprendre à vivre les grands blessés de guerre. Lui a été blessé dans une salle de concert parisienne. Ça en dit long. Sur l'époque qui change. Sur le climat nouveau. C'est peut-être aussi une réponse à tous ceux qui refusent toujours d'utiliser le mot de « guerre », ce mot qui fait si peur. Ce mot qui interroge. Mais Percy est bien un lieu où l'on trouve les victimes de la guerre. Les mots ont un sens. Certains hôpitaux sont là pour une raison bien spécifique. Au sein de son service, le rescapé rencontre d'autres victimes des attentats du 13 novembre, ayant tous subis de graves traumatismes aux membres. L'un d'eux, condamné dans un fauteuil roulant, ne marchera probablement plus jamais. Un autre blessé de guerre.

« Dans le service de rééducation, on s'entend tous bien, on se soutient, mais c'est vrai qu'il y a un lien spécial entre nous, les victimes des attentats. On en parle parfois mais surtout, on fait des blagues, on s'encourage. On ne cherche pas à ressasser le passé. »

Le jeune homme suit un programme de rééducation dense qui l'occupe une grande partie de la journée. Gainé par un pansement qui entoure son membre du genou au moignon, il se soumet aux séances de kinésithérapie, de massages et d'étirements. Le corps doit conserver sa souplesse, les chairs, très tuméfiées, doivent dégonfler. Peu avant Noël, on lui installe un manchon, une coque souple en silicone munie d'une ventouse qui vient se fixer au bout du moignon et permet de venir s'emboîter dans la prothèse et s'y fixer. Mais pour l'heure, il n'est pas encore question d'installer une prothèse, il faut d'abord s'habituer à ce nouvel élément et la permission de dix jours qu'a pu obtenir K. pour Noël va lui permettre de familiariser son corps à cette nouvelle pièce.

« Quand je suis revenu, le 4 janvier, ils ont pris la grosseur du moignon et ensuite, ils m'ont fait la première emboîture avec la prothèse. »

L'objet se présente avec une coque évidée destinée à recevoir le manchon de silicone, évasée au niveau du tibia afin d'éviter les frottements douloureux. Une barre relie le pied à la coque.

« La première fois qu'on me l'a mise, ça m'a rappelé le Bataclan quand je sentais le poids mort au bout de ma jambe. J'étais déstabilisé de retrouver ces mêmes sensations. Puis j'ai commencé à marcher avec. Le kiné me guidait. J'ai fait mes premiers pas avec des barres parallèles. Je me suis senti à l'aise. Cela faisait deux mois que je n'avais pas marché. C'était émouvant de pouvoir marcher, de pouvoir se déplacer soi-même, avancer une jambe puis l'autre. J'étais touché. J'avais… un pincement. »

K. peine à trouver les mots pour décrire ce moment unique. Remettre un pied l'un devant l'autre, avancer. Seul. Ces premiers pas sont une renaissance et la promesse d'une autonomie future, palpable. Enfin. « Disons que j'avais les yeux qui brillent », dit-il pudiquement, en baissant la tête et en esquissant un sourire gêné.

Le jeune homme s'habitue vite à sa prothèse. Sa vie est rythmée par les séances de rééducation, les massages, l'ergothérapie qui lui apprend à vivre le quotidien avec son handicap, et les nombreuses visites qu'il reçoit. Celle de M. bien sûr, mais aussi de ces collègues pompiers, ses amis. L'univers qu'il connaît à l'extérieur s'invite à l'intérieur de l'hôpital, en repoussant les murs, et lui permet de construire le pont indispensable entre l'avant et l'après. Une continuité qui est la bienvenue, d'autant plus que K. redoute les moments de solitude. Ces instants de silence et d'esseulement où l'esprit se laisse happer par les idées les plus sombres. Il repense alors au sort que lui ont fait subir les terroristes, à ce qu'il est condamné à vivre à présent, même s'il estime n'être pas si mal loti par rapport à d'autres.

C'est dans ces moments-là qu'il pense à ses bourreaux, à son bourreau, Samy Amimour, le terroriste dont il a vu le visage lorsqu'il est rentré dans la salle, celui qui lui a décoché les deux balles dans la jambe. Son portrait est diffusé partout. Il est affiché sans vergogne sur les pages des journaux, surgit des postes de télévision quand il ne reste pas fiché dans un coin du cerveau. Cette maudite et merveilleuse mémoire.

Pourtant, ce n'est pas à l'heure des informations que le souvenir des terroristes s'impose à K. Lorsque les attentats sont évoqués à la télévision, il regarde avec détachement les images et écoute le déroulé de l'enquête comme s'il s'agissait d'un évènement qui ne le concernait pas directement. Il devient alors un téléspectateur comme un autre. Un pompier. Un homme engagé pour le bien des autres. Le serviteur qu'il a toujours voulu être. Il cherche plutôt à bouter les bourreaux hors de sa mémoire, les renvoyer à leur vraie place, non pas parasitant confortablement son esprit mais dans le néant ou l'enfer. Mais les stigmates sont là. Il songe à eux plus qu'il ne l'admet, surtout quand il rencontre un obstacle à cause de sa jambe, quand il voit son corps mutilé et qu'il se demande ce qu'il a bien pu faire pour mériter ça.

« Je me suis toujours détaché de ces terroristes, ce sont des ordures, ce sont eux qui devraient être devant les psychologues plutôt que moi. Mais je ne veux pas rester bloqué toute ma vie sur ces évènements. »

K. répugne à se plaindre tout autant qu'il peine à dévoiler ces émotions. Ses états d'âme, il les conserve soigneusement pour l'unité psychologique de Percy, animée par des psychiatres et destinée à soigner les traumatismes « invisibles ».

Le personnel est rompu aux blessures de guerre, celles des corps comme celles des âmes, et dans le service, K. côtoie des militaires dont les pathologies sont très lourdes. Les mines, les accidents et les tirs ont provoqué des blessures et des handicaps plus graves encore, des mutilations, des séquelles physiques et morales qui, au sein d'un hôpital militaire, plus qu'ailleurs, soudent les patients en un même esprit de corps ;

et le patient civil bénéficie de cette fraternité, de cette solidarité, de cette combattivité, il en bénéficie et il y contribue. L'union est salvatrice pour des victimes d'attentat comme K., se révélant être en réalité ce qu'ils sont : des victimes de guerre qui ne sont pourtant pas allées au front.

Avancer, au propre comme au figuré, c'est le destin qui s'impose à K. Il ne veut pas rejouer par l'esprit mille et une fois la scène du Bataclan, ni pleurer indéfiniment sur sa jambe perdue. Il estime avoir eu de la chance. Il a défié la mort, il a conservé son genou, ce qui lui permet d'être équipé d'une prothèse qui lui permettra de marcher et même de courir, son corps s'est battu pour être valide et le voici qui, à présent, à peine trois mois après son amputation peut se déplacer sans cannes. Il a pu éprouver son autonomie lors des week-ends de sortie que l'hôpital lui octroie. Dissimulée sous un pantalon, sa prothèse ne se voit pas et c'est sans boiter et sans l'aide d'aucun support extérieur qu'il peut déambuler dans les rues.

L'avenir. Dans un an, K. aura sa prothèse définitive. Peut-être apparaîtra-t-elle progressivement comme un prolongement naturel de lui-même. La plupart des amputés qui en sont dotés reprennent une vie normale. K. courra, reprendra le sport, et mènera à bien ses missions de pompier.

Il lui faudra vivre aussi avec ses souvenirs, même s'il s'en protège pour l'instant coûte que coûte. Les fantômes sont partout mais personne n'est condamné à se laisser hanter. Pas même un cerveau qui a vécu vingt-sept ans avec deux jambes et qui continue, pour le moment, à se persuader qu'il commande bien à deux membres. Les fantômes, aujourd'hui, ce sont ses blessures. K. ressent en effet ce qu'on appelle les douleurs fantômes. Il a parfois la sensation de sentir sa jambe disparue, des fourmillements viennent le démanger et de petites impulsions viennent le surprendre. Il crispe des doigts de pieds qui ne sont plus. Ces manifestations l'ont au départ déstabilisé mais il a fini par s'y habituer. Elles s'estomperont avec le temps, lui ont expliqué les médecins. Les fantômes finissent toujours par disparaitre. Et de toutes les façons, le jeune homme n'avait pas l'intention de se laisser hanter.

VII

LA MORT DE L'UNIQUE ENFANT

Les noms des disparus sont égrenés comme des numéros de ticket des salles d'attente de la Sécurité sociale. Et lorsque c'est au tour de Patricia, une dame s'avance vers et lui dit machinalement : « Voilà, je vais vous conduire au corps. » À travers une vitre, séparée de l'horreur, Patricia l'aperçoit, ce corps recouvert d'un drap blanc.

Une tête dépasse. Il s'agit bien de son enfant.

Le 13 novembre 2015, à 21 h 40, lorsque des soldats de l'État islamique s'engouffrent dans la salle du Bataclan, Precilia Correia, âgée de trente-cinq ans, se trouve dans la fosse, accompagnée de Manu, depuis un an son compagnon.

À Lisbonne, il est 20 h 40. Patricia, la mère de Precilia, passe une soirée paisible dans un restaurant. La mère et la fille se rendent souvent au Portugal, où la jeune femme a ses racines ; son père est portugais et, même si ses parents se sont séparés, sa mère demeure également très attachée à ce pays. Quant à Precilia, c'est la terre où elle souhaitait être enterrée depuis un an depuis le décès sa grand-mère, et plus précisément « au cemitério dos Prazeres »[1], avec vue sur le Tage.

Plus tôt, dans la matinée, Patricia et Precilla ont leur dernière conversation par SMS. La mère rentre à Paris en avion le samedi 14 novembre, et sa fille l'informe qu'elle ne pourra pas aller la chercher à l'aéroport car elle a prévu de se rendre à un concert.

« On est sur une liste d'invités, on ne paye pas, je n'ai pas l'occasion de sortir souvent donc je vais en profiter. »

« Profite », ma fille, songe Patricia, enthousiasmée par tout ce qui fait la vie de Precilia – surtout depuis qu'elle a rencontré Manu – et par le bonheur de son unique enfant, avec qui elle entretient un rapport fusionnel, « collées » l'une à l'autre.

En rentrant de son dîner, Patricia allume machinalement sa télévision et regarde BFM pour suivre les informations françaises.

Les nouvelles qui commencent à affluer, et qui vont saturer les médias pour les jours qui suivent, stupéfient la spectatrice, comme tous ceux qui furent violemment arrachés ce soir-là à la routine télévisuelle d'un vendredi soir parisien : des attaques terroristes sont en cours ou ont eu lieu à Paris et au Stade de France ; des terrasses de cafés, des restaurants sont arrosés à l'arme de guerre, et une prise d'otages à lieu dans une salle de

1 « Le cimetière des Plaisirs ».

concert. Le XIe arrondissement, le Xe arrondissement, le Bataclan, une explosion kamikaze aux abords du stade où se déroule un France-Allemagne, en présence du président de la République ; rien qui ne l'alarme pour sa fille, rien qui ne l'inquiète pour sa fille unique, puisque celle-ci, peu fêtarde et sortant peu, est censée se trouver avec son conjoint ce soir-là, qui réside dans la rue du faubourg Saint-Martin, alors que le concert auquel elle compte se rendre n'aura lieu que le lendemain soir, samedi 14 novembre.

Mais il y a ces attaques de terrasses, forcément aveugles... sait-on jamais : « J'avais entendu parler des terrasses prises pour cible. C'est à cela que je pensais, éventuellement. Dans la matinée, Manu avait laissé ses filles à leur maman, ils s'étaient alors retrouvés seuls tous les deux, et peut-être qu'ils avaient décidé d'aller boire un verre en terrasse. »

Vu les informations disponibles et la nature des attaques, l'inquiétude est raisonnable, et partagée, à ce moment-là, par tous les Parisiens ou ceux ayant des proches dans la capitale. C'est, dès lors, sans réelle et trop sérieuse inquiétude qu'elle tente à nouveau de joindre sa fille par téléphone.

La sonnerie retentit, puis c'est la messagerie. Elle tente alors de joindre Manu. Le portable sonne aussi dans le vide. Enfin, une troisième tentative : le numéro de téléphone fixe du petit ami de sa fille. Toujours personne à l'autre bout du fil pour décrocher. Il est 23 h.

« Je vais sur Facebook et je m'aperçois, en regardant la messagerie, qu'elle n'est plus connectée depuis l'heure approximative des attentats. Je pense alors à cette salle de concert touchée, mais me rassure aussitôt en me répétant qu'elle ne devait aller à ce concert que le lendemain... Mais comme il s'agit d'invitations, peut-être qu'elle a finalement eu l'occasion d'avoir des places pour la veille ? »

Les heures de connexions apparentes de Precilia à sa messagerie Facebook crispent la mère éloignée de sa fille. Les questions se bousculent dans son esprit, tout comme les *scenarii* morbides, catastrophistes. L'inquiétude et l'angoisse s'amplifient, les tentatives frénétiques de joindre alternativement son enfant et Manu demeurent infructueuses ; elles deviennent désespérées.

« Vers 00 h 15, je lui envoie un SMS : « Donne-moi de tes nouvelles, je suis inquiète à cause de ces affreux attentats, bisous. » Je suis inquiète et, même si l'angoisse commence à pointer, je me dis qu'il faut que j'aille dormir. Avant cela, je réessaye une dernière fois d'appeler les numéros de portables mais, cette fois-ci, ça ne sonne plus, et je tombe directement sur leurs messageries. »

Un mauvais signe de plus. Patricia, démunie, impuissante, se met au lit. Elle ne parvient évidemment pas à dormir.

« J'avais envie d'appeler régulièrement, je me sentais impuissante, je ne pouvais rien faire. À Paris, au moins, j'aurais pu me déplacer, mais là, à Lisbonne, je ne pouvais rien faire, si ce n'est attendre. Je me sentais impuissante… impuissante. »

Impuissante. Tout au long de son récit, Patricia prononcera ce mot plusieurs fois. Ce sentiment d'impuissance l'obsède, la torture et la hante encore. Mais qu'aurait-elle pu faire de plus ? C'est bien cela, l'impuissance.

« Vers 7 ou 8 h du matin, sachant qu'ils devaient tous les deux aller travailler, j'appelle leur numéro de fixe en me disant qu'ils allaient être debout pour se préparer. Ça ne répond toujours pas. Alors là, je me dis que quelque chose n'est vraiment pas normal. Je retente encore une fois les portables. Rien. J'appelle alors la FNAC pour être sûre qu'elle travaillait bien le samedi. »

Precilia est vendeuse dans l'enseigne depuis douze ans. Son responsable est aussi en alerte, comme la plupart des Parisiens, et lui assure qu'il la tiendra au courant.

« Une heure après, il m'appelle pour me dire qu'ils ont fait des recherches et qu'ils ne sont pas sur la liste des victimes. Sur Facebook, je mets un message sur ma page pour demander si quelqu'un a des nouvelles de Precilia. Les gens commencent à remuer, à s'inquiéter. La cousine de ma fille qui est à Paris m'appelle. Elle a contacté les hôpitaux et la police, il n'y aucune nouvelle. Il y avait le numéro spécial aussi; moi, je ne tentais pas de le faire, étant à Lisbonne, mais plein de gens, ses amis, sa cousine, ses collègues de la FNAC, appelaient sans pouvoir joindre qui que ce soit, ils tombaient sur un répondeur. Et moi, je voyais ce numéro à la télévision qui ne servait à rien. »

« Malgré l'angoisse, je ne pouvais pas penser qu'elle était morte, je me disais qu'ils étaient peut-être cachés quelque part, blessés, en fuite... »

« Vers 15 h 30, heure française, c'est-à-dire 14 h 30 au Portugal, je reçois un appel de la cousine qui me dit : « Écoute, Patricia, j'ai appelé l'Institut médico-légal... » Je réponds : « Ne m'en dis pas plus ». J'avais compris. D'un coup, ma vie avait basculé, j'étais catastrophée, je ne savais pas comment réagir, je me demandais si c'était vrai, si je n'étais pas dans un film d'horreur ».

La jeune femme lui apprend également que l'acte de décès indique une mort entre le 13 et le 14 novembre sans que l'heure exacte du drame n'ait pu être précisée.

La perspective que sa fille ne soit pas morte sur le coup, qu'elle ait souffert et agonisé, horrifie Patricia. Et le tambourinement infernal des questions reprend inévitablement; il ne s'éteindra pas – À quel moment est-elle morte ? Et combien de temps après avoir été touchée par les balles de Daech ? Était-elle consciente ? A-t-elle souffert ? A-t-elle tenté de joindre sa mère au téléphone ?

« Je culpabilisais ; elle m'a peut-être appelée et, moi, j'étais à Lisbonne, pas à Paris. Et même à Paris, je n'aurais rien pu faire ; je n'aurais pas pu rentrer dans le Bataclan pour aller la chercher. Mais j'en suis sûre, qu'elle a essayé de m'appeler. J'étais toujours là pour elle, elle le savait, et elle m'appelait dès qu'elle avait besoin de moi. »

« Ce qui me révolte, c'est que l'Institut médico-légal avait toutes ses affaires : son sac, son manteau… Ils auraient pu prévenir quelqu'un, affecter des agents à cette tâche. Mais non, c'est nous qui devons appeler, chercher pour savoir ce qui s'est passé et se voir rétorquer : « On l'a ». C'est inadmissible… » Des semaines après le drame, c'est toujours la colère qui fait tenir Patricia.

Le lendemain du carnage de l'Est parisien, le samedi 14 novembre, Patricia se rend à l'aéroport pour prendre, comme prévu depuis déjà le mois de juillet, l'avion de 19 h 30 qui doit la ramener en France.

À l'arrivée, elle est attendue par sa famille et ses amis. Sa sœur, qui habite Toulon, a pris la voiture en pleine nuit pour la rejoindre dimanche et être auprès d'elle.

« Et là, je me dis qu'il faut que j'aille identifier mon enfant parce que je ne suis pas sûre que ce soit elle, peut-être qu'ils se sont trompés… Dans la pagaille immense, il peut y avoir des erreurs. Par la suite, j'ai su qu'il y a eu des erreurs, que des gens s'étaient recueillis sur des corps qui n'étaient pas leurs morts. Vous rendez-vous compte, de cette horreur supplémentaire que ces gens subissent ? »

À l'Institut médico-légal, Patricia découvre une glaciale usine de cadavres, une usine improvisée, mais une usine tout de même, régie par une terrible froideur administrative. Elle est déboussolée, elle a besoin d'humanité. Elle n'arrive pas à en trouver. Les fonctionnaires font de leur mieux. Mais quand on perd un enfant, ce n'est jamais assez.

On se présente à un guichet pour donner le nom de la victime, on subit une longue file d'attente. Aucune véritable « structure d'accueil » adaptée aux circonstances exceptionnelles. Personne pour communiquer, soulager, ou même, simplement, ne serait-ce qu'avec quelques paroles ou café, tous ces « administrés » en détresse. Seules quelques chaises ont été installées pour les trop nombreux hommes et femmes qui faisaient la queue, debout, fatigués, angoissés, dans l'insoutenable attente de l'identification du corps des leurs.

Les noms des disparus sont égrenés comme des numéros de ticket des salles d'attente de la Sécurité sociale. Et lorsque c'est au tour de Patricia, une dame s'avance vers et lui dit machinalement : « Voilà, je vais vous conduire au corps. » À travers une vitre, séparée de l'horreur, Patricia l'aperçoit, ce corps recouvert d'un drap blanc.

Une tête dépasse. Il s'agit bien de son enfant.

« Là, j'étais sûre que c'était elle. Elle n'avait pas d'impact de balle sur le visage. J'étais rassurée en voyant son visage intact, mais elle était bien là ; il n'y avait pas d'erreur possible. Son visage ne portait pas les marques de la souffrance. J'avais vu, sur les photos postées par son ami sur Facebook, leur emplacement derrière le bar. Ils ont dû être les premiers à être assassinés, vu qu'on y voyait toute la foule devant eux, et je m'étais même dit qu'ils avaient pu être piétinés. Et je culpabilisais encore plus… »

Après l'identification et avec une indélicatesse inouïe, l'employée ayant mené Patricia au corps de sa fille lui déconseille de revenir trop souvent. Des conseils de bon sens – il faut protéger les proches – mais qu'un parent dans le drame n'est pas prêt à entendre.

« C'est intolérable ! s'emporte Patricia. Il y a des gens qui ont besoin de se recueillir sur un corps ; ce n'est pas spécialement mon cas, je ne ressens pas ce besoin, mais ils s'imaginent quoi ? On n'y va pas en pèlerinage, on y va pour être avec nos morts. »

Patricia apprend ensuite qu'elle ne pourra disposer du corps qu'après l'autopsie, c'est-à-dire une semaine ou une douzaine de jours après l'identification. Pour elle, c'est trop.

« On va encore dépecer ma fille », s'énerve Patricia face à une employée stoïque.

« Souhaitez-vous un soin de conservation ?

– Oui. »

Puis Patricia ajoute : « Pour les obsèques, comment on fait ? – Trouvez-vous une agence. » Patricia encaisse cette réponse lapidaire sans savoir qu'on va l'expédier juste après avec un dépliant où se trouve le numéro de téléphone qui lui permettra de savoir quand récupérer le corps. « C'est à vous de téléphoner. »

À l'évocation de « ces formalités », Patricia ne décolère pas : « Alors ça... On a pourtant bien besoin d'être pris en charge, d'être épaulé... Il y a une manière de dire les choses... Il aurait fallu une cellule psy, un accueil digne de ce nom dans ce terrible endroit. Leur dépliant, je m'en suis débarrassée en sortant de l'Institut médico-légal... »

L'organisme est débordé mais fait face, lui aussi, à l'horreur et au malheur. Peut-être trop bien. La mère se sent abandonnée, négligée. Mais c'est une femme courageuse. Et résiliente. En quarante-huit heures, Patricia, aidée dans ses démarches par l'ambassade du Portugal, trouve une agence qui lui permet de réaliser la volonté de sa fille : être enterrée au cimetière Prazeres. Un souhait moins facile à réaliser qu'il n'y paraît car ce cimetière est un lieu classé où reposent d'illustres personnages, une sorte de Père Lachaise lisboète, un endroit mythique à la végétation luxuriante où ne se fait pas enterrer qui veut.

« Pour la première fois, je me suis sentie écoutée. Et puis je voulais un cercueil décoré. Il est arrivé du Portugal le vendredi soir et on est allé faire des dessins dessus jusqu'à 2 h 00 du matin. J'avais des idées précises en tête : représenter Paris, la tour Eiffel, inscrire son prénom au milieu, dessiner un avion se dirigeant vers le pont de Lisbonne, symbole de la révolution des Œillets, chère à son cœur, donc de la liberté, du Cristo Rei, et le Tage, une moto et un symbole du rock. Et ce cercueil, on l'a signé à l'église, à la grande surprise du prêtre. Même les filles de Manu, qui ont sept et dix ans, ces petites qui ont aussi perdu leur père, ont signé. »

« Un matin – c'était avant l'enterrement –, j'avais une odeur de sang dans le nez. Cela m'a beaucoup troublée. »

L'enterrement a lieu le 23 novembre. Patricia se presse pour arriver à temps à l'Institut médico-légal pour la mise en bière. Sur place, un ami l'a prévenue alors qu'elle était coincée dans les embouteillages : ils ne vont pas tarder à fermer le cercueil. Ils ont en effet beaucoup de « travail ». Patricia se souvient avec dégoût de son passage dans le corridor qui l'a menée vers le corps de sa fille : « On passe dans un couloir avec plein de boxes et on voit tous ces cercueils, toutes ces autres victimes en attente d'être inhumées. C'est un décor de coulisses de guerre ; c'est atroce. On ne devrait pas laisser toutes ces portes ouvertes, on ne devrait pas permettre ce défilé devant les cercueils. La mort vous encadre et on sait que la plupart sont des jeunes. La moyenne d'âge des victimes est de trente-cinq ans, l'âge de Precilia. »

À Asnières, où a eu lieu la cérémonie, cinq-cents personnes sont rassemblées, amis, familles, collègues et anonymes. Le préfet des Hauts-de-Seine, le bras droit de la maire de Paris et le maire d'Asnières sont également présents.

Le 25 novembre, le cercueil arrive au Portugal et, conformément à ses vœux, Precilia repose depuis face au Tage, dans ce lieu poétique qu'est le cimetière Prazeres. Son cercueil à l'air libre, encastré parmi d'autres cercueils sur des rayonnages.

« Je me bats pour apposer une plaque. La conservation du cimetière ne veut pas qu'il y ait une photo mais j'insiste pour qu'il y en ait une. Je veux qu'il y soit inscrit : « Victime des attentats terroristes du 13 novembre 2015 à Paris », en français et en portugais, et j'espère que cela sera possible. Pour moi, c'est une situation exceptionnelle et cela doit être gravé dans l'histoire. C'est de l'histoire. Ma fille est une victime de guerre. Ce n'est pas une mort comme les autres. »

Patricia s'exprime calmement mais avec émotion. Elle trouve parfois la force de sourire ou de faire de l'humour, mais en dépit de ce calme apparent, on sent véritablement bouillir une colère intérieure et légitime, un sentiment qui semble la porter et la maintenir en vie.

« Je suis enragée. J'ai énormément de violence en moi. Je me suis surprise, lorsque j'ai vu le visage de Salah Abdeslam, à donner un coup de poing à mon téléviseur. Je tape parfois contre les murs. Je suis révoltée en permanence. On m'a pris ce que j'avais de plus cher au monde, on m'a arraché – et Patricia insiste sur ce mot – le fruit de ma chair, on l'a massacré. Je sais qu'on ne peut pas faire se faire justice soi-même mais cela m'apaise d'imaginer ce que je pourrais leur faire, à ces terroristes. Depuis le 13, mon horloge intérieure est complètement déréglée. Par moments, j'éclate de rire nerveusement ; à d'autres, je m'écroule. Et parfois, je suis comme anesthésiée. Je dors peu. Restée une fois deux nuits sans dormir, j'ai fini par prendre un cachet pour m'aider mais je refuse de devenir accro aux médicaments, de tomber dans la dépendance et l'addiction. J'ai besoin de parler pour exorciser mon écrasante peine mais cela ne suffira pas. Les pires moments de détresse sont ceux où je me retrouve seule le soir, la nuit ou le matin. Mais je m'organise un emploi du temps saturé pour chaque journée de manière à éviter le plus possible de penser. Soit je tiens debout, soit je la rejoins. Je vais essayer de ne pas être trop lâche et de ne pas la rejoindre immédiatement. »

Pour ne pas flancher, Patricia continue de faire vivre sa fille à travers elle, en s'occupant du petit appartement que Precilia avait acheté pour y habiter plus tard lorsqu'elle ne serait plus en activité. Patricia compte achever les travaux entrepris par sa fille. Très curieusement, un mois avant les attentats, elle s'était rendue dans ce studio pour superviser l'avancée du chantier. Cette question lui avait alors traversé l'esprit : « Et si elle disparaissait, que deviendrais-je ? Mais je m'étais alors dit que j'étais folle d'imaginer une chose pareille... »

Et puis il y a toutes ces questions auxquelles Patricia veut des réponses. Elle veut connaître les circonstances exactes de la mort de sa fille, l'étendue des dysfonctionnements dans la prise en charge des victimes, et la responsabilité et le rôle de l'État dans la lutte contre le terrorisme et ses retentissants échecs.

« L'État n'a pas pris les mesures nécessaires. Il y a eu un avertissement avec les attentats de janvier, mais ces menaces n'ont pas été prises au sérieux et rien n'a bougé. Il n'y a pas assez de militaires, pas assez de forces de police. Moi, je ne suis pas rassurée parce qu'on me fouille le sac à l'entrée d'un magasin. Tout ça, c'est du cinéma. S'il y avait des mecs avec des mitraillettes, là, je serais déjà plus rassurée. Je sens que la France est en état de guerre. Et que ça va recommencer… »

Patricia évoque la mystérieuse présence de deux individus suspects à bord d'une Polo noire, le soir des attentats. La police aurait été prévenue et ne se serait pas déplacée mais il semble qu'il s'agisse d'une de ces rumeurs qui circulent toujours à la suite d'attentats ou de catastrophes, et contribuent à forger des légendes urbaines. Qui croire ? Que croire ? Ne rien négliger, ne rien éviter. Tout faire pour que la douleur passe. Diriger sa colère contre quelque chose. Contre quelqu'un. Tant que la douleur cesse.

Malgré son mécontentement, elle ne fait pas partie des familles qui, en signe de protestation, n'ont pas souhaité s'associer à la journée d'hommage national. Elle tenait à y aller. « Le Président est arrivé en retard, il a fait son discours et il est reparti sans même venir nous saluer », déplore-t-elle. Diriger sa colère, encore et toujours.

Pour trouver des réponses, avoir accès au dossier pénal et suivre le cours de l'enquête, Patricia a porté plainte et s'est constituée partie civile. Trop de zones d'ombre pèsent sur cette soirée du 13 novembre et sur la gestion des victimes de l'attentat.

Elle est également à l'origine de l'association « 13 novembre : fraternité et vérité », fondée avec d'autres personnes touchées par ce drame, et dont le but est d'assurer un retour d'expérience et une prise en charge de toutes les victimes d'attentat, aussi bien dans l'urgence que dans la durée.

« Nos jeunes aimaient la vie, aimaient la liberté, et respiraient la joie de vivre. D'un coup, il y a eu toutes ces vies ruinées, ces parents au chevet de leurs enfants, morts ou blessés. C'est inqualifiable, innommable. La religion est un prétexte ; le Califat, une dictature ; ces terroristes, des robots, télécommandés à distance, qui font ce qu'on leur dit de faire, et qui doivent être drogués pour commettre leurs actes[1]. »

Mais si Patricia s'ancre dans la réalité pour mieux tenir debout – les multiples formalités administratives au lendemain du décès de Precilia ne lui ont, de toute façon, guère laissé le choix, c'est aussi dans le souvenir

1 Il a par la suite été établi que les assaillants du 13 novembre n'étaient pas sous l'emprise d'amphétamines.

de sa fille que cette mère se réfugie souvent, malgré la douleur que la mémoire peut engendrer.

« Même si je n'aime pas vivre avec mon passé, je n'ai pas le choix. La dernière fois que j'ai parlé avec Precilia, c'était le matin du vendredi 13. Cet échange de SMS, cette conversation simple et ordinaire, je la relis souvent. Ce que je retiens, c'est le « je veux en profiter », il me foudroie à chaque fois. »

Les deux femmes ont toujours vécu ensemble jusqu'à la rencontre de Precilia et Manu ; depuis lors, la jeune femme se partageait entre les deux foyers, tout en s'occupant de son petit studio, à deux pas de chez sa mère.

« Tout était organisé pour qu'on ne soit jamais loin l'une de l'autre. Elle me demandait mon avis sur beaucoup de choses et comptait même souvent sur moi pour régler ses problèmes. Je gérais son courrier, lui rappelait qu'elle devait régler telle ou telle chose. Parfois, taquine, je lui demandais : « Qu'est-ce que tu vas faire quand je serai morte ? Il faudrait que tu te prennes en charge un petit peu. » Alors elle riait... Avant d'être fauchée par les conséquences du bourbier moyen-oriental, une vie nouvelle s'ouvrait devant ma fille. Elle se projetait avec Manu ; ils venaient de fêter leur première année ensemble. C'était au Portugal qu'elle m'avait annoncé leur relation. Ma fille était une artiste, elle m'avait récemment confié qu'une fois les travaux de son appartement achevés, elle songerait à quitter son emploi pour faire quelque chose qui lui correspondrait mieux, quelque chose de plus créatif. Elle était douée, elle avait fait les plans de son studio, s'occupait de décoration et vendait des petites babioles en lin de sa confection, des coussins, des tabliers… Elle avait beaucoup de goût et un grand talent pour la photo. Elle avait voulu en faire son métier avant de rentrer à la FNAC… Il y a des moments où je m'effondre, complètement, et, devant sa photo, je m'adresse à elle : « Pourquoi m'as-tu laissé tomber ? Pourquoi m'as-tu fait ça ? Pourquoi y être allé le 13 et pas le lendemain, comme prévu ? » Il semblerait bien qu'il y ait un destin auquel on ne peut échapper… Il y a des gens qui loupent leur avion et l'avion s'écrase ; elle, elle n'a pas loupé son concert… Elle a voulu en profiter… »

Cette vie à deux qu'elle avait imaginée avec sa fille Precilia, Patricia va maintenant devoir la vivre pour deux. Et espérer qu'un jour, malgré le vide, la colère cesse.

Quelque temps après l'attentat, en parcourant les affaires de sa défunte fille, Patricia est tombée sur son passeport portugais. Il expirait le 14 novembre 2015.

VIII

OUBLIÉS

Le 27 novembre 2015, dans la cour d'honneur des Invalides, a lieu la cérémonie officielle d'hommage aux victimes des attentats du 13 novembre. Peu après 10 h 30, les premières notes de *La Marseillaise*, interprétée par les musiciens de la Garde républicaine, retentissent. Dans sa chambre d'hôpital, Aca[1] Pavlovic, face à son poste de télévision, se lève et entonne l'hymne national, les larmes aux yeux, avant de s'effondrer sur son lit et de s'évanouir.

« Avant, j'ai voulu sortir de l'hôpital de force pour aller là-bas, je voulais aller aux Invalides même si personne ne m'avait appelé pour la commémoration. »

Oublié. Aca soulève son pull pour me montrer la cicatrice du trou qui a perforé son flanc droit. Un cratère de la taille d'une balle de golf. Le boulon a traversé l'estomac avant de s'arrêter au niveau du colon,

1 Se prononce « Atsa ».

l'homme est criblé de cicatrices d'éclat de métal tout le long du côté droit. Il me montre son doigt, « un beau travail », l'index est rouge, boursouflé au niveau d'une phalange. Il a été arraché mais les médecins ont pu le recoudre. Son visage est grêlé par les cicatrices ; « ça va finir par s'estomper. C'est le côté droit qui a pris. Mais j'ai eu pire, vous savez. Et c'était du côté gauche, il y a quelques années. J'ai eu un accident de voiture très grave ». Les plaies aiment la symétrie.

« Je n'ai pas été comptabilisé, au début, parmi les victimes d'attentat, je n'ai pas reçu d'invitation pour me rendre à la cérémonie d'hommage. Je n'arrive pas à savoir pourquoi on a été oubliés. J'ai essayé de comprendre, de chercher. Nous, ceux du Stade de France, il a fallu du temps avant qu'on parle de nous. À l'hôpital, je regardais les informations et j'étais déçu. J'apprenais tout ce qui s'était passé à Paris. Je compatissais évidemment pour toutes les victimes mais personne ne parlait de nous. C'était comme si c'était une deuxième explosion pour moi. Mentalement, on pouvait supporter ce qui nous arrivait, mais ne pas être reconnu en tant que victime, ça, c'était dur. Je suis devenu agressif. Je suis quoi ? Un accident banal ? C'est un bus qui m'a renversé ? Non. J'ai appris qu'on était quatorze blessés, dont sept grièvement, qu'il y avait un mort. S'il faut des morts pour qu'on s'intéresse à nous, dans ces cas-là, il ne fallait pas me sauver, il fallait me laisser mourir, au moins, ma mort aurait servi à quelque chose. »

Tina, la cousine d'Aca, elle aussi blessée au stade de France, n'a pas non plus reçu d'invitation pour se rendre aux Invalides. « De toute façon, je n'y serais pas allée, je panique dans la foule maintenant. Et puis, je n'aurais pas pu m'empêcher d'essayer de parler à quelqu'un, le préfet, un ministre, je ne sais pas, mais j'aurais dit ce que je pense. »

Le Stade de France a été la première cible de la vague d'attentats du 13 novembre et ses victimes les dernières auxquelles on a accordé de l'importance.

À quelques mètres des spectateurs qui assistent au match amical France-Allemagne va se jouer une scène sanglante, dont ils ignorent l'existence. Il y aura bien quelques détonations entendues mais elles se confondront avec l'ambiance du stade et l'assistance, absorbée par la trajectoire du ballon et le jeu de jambe des joueurs, n'y prêtera pas d'attention particulière.

Ce soir-là, c'est toute une famille accompagnée de quelques amis qui vend des écharpes pour le match. Chacun est à un poste stratégique autour du stade. Tina raconte : « Il y avait ma maman, ma sœur, mon beau-frère, mon mari, et d'autres membres de la famille dont mon cousin Aca et sa femme. »

Le petit clan, serbe d'origine, est très soudé. Chacun a sa vie, mais ils ne manquent jamais une occasion de se retrouver et même s'ils exercent des métiers différents, cela leur apparaît tout naturel d'épauler Aca, le vendeur « officiel », lors des rencontres sportives importantes, comme celle du 13 novembre, afin de vendre le plus possible d'articles dédiés aux supporters.

Peu avant le coup d'envoi, qui a lieu à 21 h 00, toute la parentèle se regroupe et chaque membre rend compte de ses ventes respectives. Sur le parvis du Stade de France, il ne reste plus grand monde. Quelques retardataires se pressent vers les portes, ils ont déjà perdu trop de temps, inutile de songer à leur vendre quelque chose ; les promeneurs se dispersent, la nuit est tombée et l'ambiance d'avant-match également. Aca a des billets mais ne songe nullement à rejoindre les gradins. La faim et l'envie de se retrouver parmi les siens priment. La petite tribu se rend au MacDonald's pour se restaurer et se délasser un peu. Le *fast-food* est plein à craquer, mais on compte, parmi la clientèle, peu de « civils ». La plupart des accros à la *junk food* ont pris leurs nourriture bien grasse « à emporter » pour regarder le match, les autres sont disséminés dans la salle, engloutissant leur menu « sur place », tartinant les plateaux de sauce ketchup dégoulinante et de feuilles de salade iceberg échappées des Big Mac. Le gros de la clientèle est constitué, à l'instant où la petite famille prend la commande, de policiers, une centaine, mobilisés sur le site qui font leur pause et dont la vigilance sera renforcée au moment de la sortie du match. Pour le moment, tout est calme.

Vers 21 h 20, une explosion se fait entendre. Tina prête l'oreille. Elle est surprise, comme toutes les personnes autour d'elle, mais aussi curieusement inquiète. Aca sourit :

« Ça doit être une bombe agricole, y'a toujours des petits rigolos qui en font péter.

– Non, c'est autre chose, ça ne ressemble pas à ça, ce ne sont pas non plus des pétards, ni un feu d'artifice. Je ne sais pas, c'est bizarre »

Une première vague de policiers se précipite hors de l'enseigne de restauration rapide. Tina demeure perplexe. Elle ne parvient pas à expliquer l'anxiété qui la gagne. Ce n'est pas la première détonation qu'on entend aux abords d'un stade de foot tout de même... Et puis c'est une grande fille, elle a passé l'âge d'avoir peur d'une pétarade ! De plus, la terrasse fait face au stade et rien de particulier ne trouble les abords de la grande enceinte ce soir-là. La fatigue nous rend volontiers enclins aux émotions.

Dix minutes plus tard, c'est la deuxième explosion. L'appréhension de la jeune femme se transforme en certitude. « Je me suis dit qu'il y avait quelque chose de louche, que ce n'était pas normal, j'ai pensé à un attentat ou quelque chose comme ça. »

Une deuxième vague de policiers déferle hors du restaurant. Tina est trop nerveuse pour rester les bras croisés devant une frite et un coca. Elle veut en savoir plus et ne tient plus en place. Elle embarque à sa suite Paulo, son mari, et l'époux de sa sœur afin d'en savoir plus. Ils se lèvent de la terrasse et partent aux alentours pour recueillir des informations. Ils apostrophent un policier qui leur laisse entendre qu'il s'agit d'une fuite de gaz. La sceptique entêtée ne se contente pas de cette explication. « Il n'y avait aucun équipement, les pompiers n'avaient pas de masques à gaz, ça ne sentait pas le gaz. » Mais pour l'heure, il leur faut se contenter de cette information et ils font demi-tour pour rejoindre le reste de la famille. C'est à ce moment qu'une scène attire l'attention de Tina. L'autoroute A 86, qui déroule ses longues voies et son flot continu de voitures, surplombe l'esplanade. Sur la bande d'arrêt d'urgence, un homme se tient à côté d'une voiture noire, il est au téléphone et regarde vers le parvis. D'où il est, il a une vue imprenable sur tout le site. Tina, qui se trouve à quelques mètres, entend distinctement des mots qui la sidèrent : « colis posé ». Elle se retourne vers Paulo et son beau-frère : « Vous avez entendu la même chose que moi ? » Oui, ils ont entendu la même chose qu'elle mais ne semblent pas partager son anxiété.

« Cet homme, c'était Salah Abdeslam. »

Salah Abdeslam, l'un des hommes les plus recherchés des polices d'Europe, délinquant et terroriste, affligé d'une double lâcheté : d'une part, celle d'avoir été l'un des artisans des attentats du 13 ; d'autre part, celle de ne pas avoir mené sa mission jusqu'au bout : se faire sauter avec une ceinture d'explosif pour rejoindre le paradis au soixante-douze vierges. L'enquête a confirmé qu'il avait convoyé ses complices jusqu'au Stade de France. Son parcours reste ensuite entaché de nombreuses zones d'ombre. Son spectre plane un peu partout, dans le XIe arrondissement, au moment des attaques, dans le XVIIIe où il aurait peut-être dû se faire exploser. L'homme s'est enfui tranquillement du territoire français, a passé plusieurs contrôles de police – mais l'identité des criminels n'était pas connue à ce moment-là –, a séjourné en Belgique avant de s'échapper à nouveau vers une destination inconnue. On croit le voir partout alors qu'il n'est nulle part. Peut-être est-il également traqué par ses anciens coreligionnaires de l'État islamique qui ont pu ne pas apprécier son manque de cœur à l'ouvrage lors des attentats. Un kamikaze qui ne finit pas martyr, son œuvre achevée, ce n'est pas un kamikaze, c'est un jean-foutre qui n'a pas sa place dans l'organisation.

Mais à l'instant où Tina voit cet homme téléphoner, Abdeslam n'a pas encore tout abandonné.

« Vous êtes sûre que c'était lui ? Vous avez vu son portrait ensuite à la télévision, c'est là que vous l'avez reconnu ?

– Non, me répond la jeune femme, je l'ai identifié au moment où la police est venue m'interroger à l'hôpital. Je l'ai décrit et ils m'ont présenté des photos. C'est là que j'ai confirmé que c'était bien lui que j'avais vu. »

De retour au MacDonald's, une nouvelle surprise attend les deux époux et leur beau-frère. Une échauffourée a eu lieu au premier étage du restaurant, ce qui a provoqué un mouvement de panique et fait sortir tous les clients. La police est intervenue pour maitriser le forcené fauteur de troubles et l'emmener hors du restaurant. Une quarantaine de personnes sont à présent groupées dehors. Certains, le portable à la main, ont filmé la scène. Tina, qui a retrouvé toute sa famille, ne souhaite pas s'attarder sur les lieux. Elle le sent, « quelque chose cloche », tout ça ne lui dit rien qui vaille : ces explosions, cet homme sur la bande d'arrêt d'urgence et maintenant cet autre qui attire la police au MacDo « peut-être pour faire diversion », hasardera-t-elle plus tard, avec cette intuition qui est sienne depuis le début. Elle est mal à l'aise et souhaite partir au plus vite. Elle dit à son mari : « Viens, on s'en va, ça sent pas bon. » Elle rassemble le reste de ses cousins et autres parents, et ils tournent les talons en direction du parking où leurs voitures sont garées. Plusieurs personnes s'engagent dans la même direction dont un homme qui retient son attention. Il lui a semblé qu'il murmurait derrière elle, au moment où elle exprimait à son mari l'envie de partir : « C'est loin d'être fini, vous allez tous cramer ce soir. » Mais des dingues y allant de leurs commentaires lors des bagarres sont monnaie courante, surtout aux abords du stade qui drainent une population hétéroclite où il n'est pas rare de croiser des paumés et des marginaux qui se transforment en prophètes de foire.

Elle ne l'a pas bien vu, elle n'a pas eu le temps de s'attarder sur lui. Elle marche en direction de la voiture. L'important, c'est de quitter cet endroit où ils n'ont plus rien à faire. Plus que quelques mètres. L'explosion retentit, le souffle projette tout le monde à terre. « Personnellement, je n'ai pas entendu le bruit de l'explosion, explique Aca, j'ai juste senti un souffle, c'est l'onde de choc qui m'a propulsé au sol. » Ce souffle provoqué par la déflagration est venu frapper aux tympans le vendeur d'écharpes et l'a rendu sourd de l'oreille droite.

Tina, qui se trouve un peu plus loin, derrière Aca, est éjectée au sol. Avec sa mère et son mari, ils forment un tas humain empilé maladroitement. Une partie du corps de la fille couvre la mère, Paulo, au-dessus de la pile, est le plus exposé. Tina tourne la tête et peine à réaliser ce qu'elle voit : sa mère a des morceaux de chair sur elle, elle parvient à élargir son champ de vision par une nouvelle rotation du chef et aperçoit, à ses côtés, des morceaux de viande. Une épaisse fumée blanche les entoure et ne les autorise guère qu'à distinguer ce qui se trouve sous leur nez. Aca est bloqué, il cherche des yeux son épouse mais ne la trouve pas alors qu'elle git à quelques pas de lui. Le premier réflexe pour chaque membre de la famille, avant de comprendre ce qui s'est passé, est de tenter de se retrouver les uns les autres. Ceux qui parviennent à se relever vacillent et cherchent leurs proches. Peu à peu, l'épaisse fumée se dissipe et laisse progressivement entrevoir une scène apocalyptique. Tina prend conscience de ce qui vient de se passer, elle voit les corps par terre, des morceaux qu'elle identifie nettement comme provenant d'un être humain, une tête, elle le sait car sa mère l'a vue, a volé au-dessus d'eux sur une dizaine de mètres, et surtout, au lieu même où s'est produite l'explosion, elle voit un tronc, ensanglanté mais entier : celui du kamikaze qui vient de se faire exploser. Il a actionné sa ceinture composée des ingrédients destinés à occasionner le plus de dégâts possibles : un explosif très puissant, le TATP, triacetone triperoxide, et des boulons pour aggraver les dégâts causés.

Sur le moment, la jeune femme ne sait pas qu'elle est grièvement blessée. Elle a mal au dos mais son organisme est envahi d'une chaleur inexplicable, comme une brûlure intérieure. Elle entend sa mère crier et ce hurlement agit comme un miroir. Il lui permet de se regarder enfin et de voir avec horreur que son os a transpercé le bras gauche, il jaillit de sa doudoune comme une pièce d'ivoire empourprée. Sa main droite est complètement disloquée. Ses cheveux ont brûlé et sont par endroit collés, et parsemés de morceaux de chair. Sa mère, paniquée, ne sait pas si elle peut relever sa fille. Elle n'ose pas la toucher, craignant de faire des gestes qui aggraveraient ses blessures. Elle ne peut que la regarder, impuissante, regrettant déjà d'être intacte, ou presque, puisqu'il s'avère qu'un boulon est venue se loger dans sa cuisse, regrettant de n'avoir pu couvrir le corps de Tina du sien. « Ma mère culpabilise encore, c'est moi qui l'ait protégée en étant sur elle et pas le contraire. »

« J'ai eu un moment de désarroi, on était là, seuls, personne pour nous venir en secours. On a attendu un moment, un policier en uniforme a couru vers nous. Il m'a demandé : « Est ce que vous êtes touchée ? » Puis il a vu le sang, il m'a demandé : « Vous arrivez à vous relever ? » J'étais incapable de me lever. Il m'a dit : « Madame, il faut trouver la force de vous relever, levez-vous, vous êtes en danger si vous restez là ». Il pensait qu'il y avait peut-être d'autres kamikazes. « Votre vie est en danger, faites un effort. – Il n'y a pas que la mienne qui est en danger. Il y a aussi la vôtre. » Et là, on s'est tous mis à pleurer, le policier aussi. C'était un grand moment d'émotion. Puis juste après, je me suis relevée d'un coup. »

L'adrénaline et la rage annihilent la douleur que ressent Tina et fait naître en elle des forces insoupçonnées.

Des secours arrivent enfin et prennent en charge les victimes, qu'ils transportent dans un hôtel à proximité, en attendant que les pompiers puissent les acheminer vers des centres hospitaliers.

Dans la pièce où les premiers soins sont prodigués, Tina chancelle, son regard a eu sa dose d'horreur, il ne semble plus pouvoir engranger d'autres visions, même si celles-ci peuvent apparaître moins pénibles que le spectacle cauchemardesque laissé sur le lieu de l'explosion. Des blessés attendent, le regard hébété, son mari a perdu connaissance et puis il y a tout ce sang qui couvre le sol de la petite pièce. Trop de sang, ce rouge l'agresse, elle se sent partir. Les secours tentent de la garder éveillée. Mais se laisser sombrer est une protection qui lui paraît nécessaire. Quand elle reprend connaissance, elle est dans un lit aux draps blancs immaculés. Elle apprend qu'elle a été transférée à l'hôpital Delafontaine, à Saint-Denis. Son mari est à Bichat, un boulon lui a éraflé la joue, à quelques millimètres près, il lui détruisait la mâchoire. Il a des boulons dans le dos mais surtout, il a eu les poumons déchirés et un boulon effrité entre le cœur et le poumon. Son état nécessitait des soins d'urgence et plusieurs interventions très délicates. Quant à Tina, elle en apprend plus sur son état. Son corps s'est déjà chargé de lui donner un début d'information car elle ressent à présent les douleurs que le choc avait endormies. Les médecins terminent de la renseigner. Elle souffre d'une double fracture au bras, un boulon a éraflé sa tête, des boulons ont pénétré dans son dos et endommagé sa cage thoracique, elle a fait deux pneumothorax. Des opérations et un long combat l'attendent. Fort heureusement, elle ne sait pas ce que « long » signifie à ce moment-là. La perspective d'un voyage interminable peut parfois ôter toute volonté de l'accomplir et de rassembler les forces nécessaires pour traverser les épreuves.

« Quand je me suis retrouvée dans un semi-coma, j'étais entre la vie et la mort, j'ai senti mon père, décédé quelques mois avant les attentats, et je l'ai vu. Il me disait : « bats-toi ». Il m'a fait revenir à la vie. Ma sœur est la première personne que j'ai vue en sortant du coma. Elle était allongée, sa tête sur moi, en pleurs. Elle aussi est traumatisée. Quand on se voit aujourd'hui, on se rappelle de chaque petits détails, c'est gravé sur notre corps, c'est gravé dans notre esprit. On essaie de vivre une vie plus ou moins normale avec notre handicap, notre souffrance. Je continue de souffrir et ce n'est pas fini. Je vais subir encore d'autres opérations. Mon nerf a été touché et les médecins parlent d'une paralysie radiale. Je risque de rester paralysée du bras. J'attends un prochain rendez-vous pour être fixée, savoir si je peux récupérer les fonctions de mon bras. »

Sur son lit d'hôpital, toute son anatomie est en souffrance. Bouger est un calvaire. Pendant une semaine et demie, les opérations se succèdent pour extraire les boulons fichés à l'intérieur de la jeune femme et réparer son bras. Au cours de cette période, Tina demeure à jeun. Totalement. Nourrie et hydratée par perfusion, le seul liquide auquel elle a accès sont les larmes qui coulent sur son visage tant la douleur et la soif la taraudent. Sa bouche et sa gorge sont sèches, arides comme les terres les plus hostiles du désert. Telle une voyageuse égarée, elle implore à boire. La faim, on y survit, mais le sentiment de soif est une torture. Un jour, un soignant, pris de compassion, prend sur lui et imbibe d'eau une compresse qu'il lui applique sur la bouche. C'est sans doute le premier moment qui redonne le sourire à la jeune femme, un instant précieux, un plaisir fugace qu'elle prend comme un cadeau, le lien avec un élément fondamental, un retour au goût de vivre.

Les longues semaines d'hôpital éprouvent nerveusement Tina, qui fait de nombreuses crises d'angoisse et ne peut se résoudre à rester allongée. Cette position lui procure des sensations mortifères. C'est celle adoptée par les gisants de pierre qui reposent pour l'éternité sur leur tombeau. Un vivant n'adopte pas cette posture inerte qui le livre à un abandon et un relâchement complet, son corps, même au repos, tend vers une inclinaison de mouvement, prêt à bondir pour échapper à la mort. La souffrante préfère caler le mécanisme de son lit en mode assis et peut ainsi se laisser aller plus aisément au sommeil.

Toute la famille se trouve éparpillée, au gré des pathologies de chacun et des disponibilités d'accueil. Aca est au Kremlin-Bicêtre et sa première préoccupation, après ses trois jours de coma, est de savoir où se trouve son épouse. Ses proches se veulent rassurants. « Ne t'inquiète pas Aca, elle va bien. »

Pieux mensonge. En réalité, personne ne sait où se trouve Liljana, sa femme. Les secours l'ont évacuée mais elle n'avait pas de papiers d'identité. Une nièce et des amis sont partis enquêter pour la retrouver. Ils appellent l'Institut médico-légal, la police, font le tour des hôpitaux. Aucune trace de la disparue jusqu'au jour où ils se présentent à la Pitié-Salpêtrière en donnant son signalement. Une patiente semble correspondre à la description faite de Liljana. La victime est méconnaissable, elle est rasée, un plomb a endommagé sa tête, elle a un carcan de tuyaux autour de son corps. Elle est dans le coma. Sa nièce l'identifie grâce aux bijoux qu'elles portaient sur elle et que l'hôpital a conservés. Madame Pavlovic est retrouvée, bien vivante, mais dans un état critique. Elle finira par sortir du coma et retrouver sa conscience mais, malgré de nombreuses opérations, elle présente des lésions irréversibles. Il est fort probable qu'elle ne puisse jamais remarcher.

Tout comme la cousine de Tina, qui, atteinte à la moelle épinière, se déplace en chaise roulante. Elle a un doigt amputé et ne retrouvera peut-être pas l'usage de sa main. Son visage a aussi été touché, son nez est endommagé par un boulon et des dents sont cassées.

Elle se trouvait la plus proche du kamikaze et elle a chu non loin du tronc du terroriste. À la vision d'horreur qui la hante s'ajoute le dégoût d'avoir pu être allongée au côté de son bourreau, comme s'ils avaient voulu partager le même sort. Une idée intolérable.

Tina subit aussi un lourd handicap. « Me savoir handicapée, j'ai du mal à l'accepter. Avant le 13, j'étais quelqu'un de super actif, indépendante, je donnais assistance aux autres, j'aimais écouter et aider les gens, mais là, je me sens une charge. Pour mon mari, ma mère, ma sœur. C'est dur aussi par rapport à mes enfants. La petite dernière a six mois. Je ne peux pas m'en occuper comme je voudrais, tout est compliqué. Je ne peux pas la prendre facilement dans les bras, contre moi pour sentir sa chaleur et pour qu'elle sente la mienne, ça me brise le cœur. Et puis pour le travail, je recommencerai quand je pourrai. J'espère. Mais je travaillais dans la restauration, alors mon métier, de toute façon, je ne pourrai plus l'exercer. »

Tous les membres de la famille présents ce soir-là n'ont pas des blessures physiques, mais tous portent en eux ces blessures invisibles, ces traumatismes, ancrés au plus profond d'eux-mêmes, qui ajoutent aux liens héréditaires et affectifs une parenté supplémentaire.

Cette proximité étroite, fusionnelle, qu'ils entretiennent a pu les aider à affronter le manque de considération qu'ils estiment avoir eu. Tina ne décolère pas : « Aca se bat pour obtenir un logement plus grand, il est logé temporairement dans un foyer et occupe une chambre de $8m^2$. C'est impossible dans ces conditions d'accueillir son épouse quand elle pourra sortir de l'hôpital, elle a besoin d'un lit médicalisé. Il ne peut même pas rentrer dans la pièce. Aca n'en a pas fini non plus avec ses traitements. J'ai eu l'impression que c'était à nous de faire les démarches pour se faire reconnaître comme victime. On ne nous a pas guidés. Les autorités françaises ne se sont pas manifestées, pas un représentant n'est venu nous visiter, prendre de nos nouvelles. Le communiqué a été transféré à l'ambassade de Serbie. Moi, je me suis sentie oubliée, comme une étrangère. Je suis française, je suis née en France, j'ai travaillé depuis l'âge de dix-sept ans, tout le temps jusqu'à l'attentat. Je paye mes impôts, et c'est l'ambassadeur de Serbie qui vient nous voir ! Je n'ai pas trouvé ça normal. Pour l'ambassade de Serbie, j'étais serbe. Et pour la France, j'étais quoi ? »

À ces interrogations s'ajoute le mystère qui entoure le geste des kamikazes. Pourquoi se faire exploser à un moment où ils opèrent le moins de sinistres ? Ils n'ont certes pas pu entrer dans le stade, ce qui était à priori leur volonté première, mais ils pouvaient attendre un moment plus propice ou gagner un lieu plus fréquenté. La sortie du match ou l'intérieur d'un restaurant auraient provoqué un carnage bien plus important. Pourquoi avoir suivi ce petit groupe qui allait vers le parking, alors qu'il y avait plus de monde à proximité du MacDonald's ? Plusieurs hypothèses circulent parmi lesquelles « se faire exploser à l'heure prévue quelles que soient les circonstances » figure en bonne place, perspective faisant d'eux des robots programmés sans faculté de discernement. Les experts en explosifs soulignent également l'extrême sensibilité du détonateur greffé sur le matériel utilisé par les terroristes de Saint-Denis. Il s'agirait alors d'un déclenchement involontaire. Mais que les trois en même temps aient pu faire preuve d'autant de négligence laissent toutefois planer un doute. Et s'ils avaient joué là leur va-tout ? Sans réelle possibilité de mener à bien leur mission, confrontés à la nécessité imposée d'envoyer le coup d'envoi tant attendu des attentats parisiens, ils auraient délibérément choisi quelques victimes, au gré des circonstances, de façon à répondre malgré tout au « cahier des charges » imposé.

Aca, comme sa cousine, se sentent d'ailleurs en communion avec toutes les personnes, cibles vivantes ou mortes, des attentats parisiens, bien qu'ils n'aient pas eu l'occasion d'en rencontrer. Sauf une fois. Par hasard.

Tina se trouve hospitalisée à l'hôpital Saint-Louis pour la suite de ses soins. « Être enfermée entre quatre murs, ça me foutait le cafard, je voulais descendre fumer une cigarette et prendre un café. J'ai vu une jeune fille dans une chaise roulante, elle était amputée des deux bras et des deux jambes. Elle avait le bas du visage marquée, défigurée. Quand je l'ai vue, je ne savais pas que c'était aussi une victime du 13. Elle m'a demandé une cigarette. Je la lui ai mise entre les lèvres. Je ne sais pas pourquoi, ça ne se fait pas, mais je lui ai demandé pourquoi elle était là. Elle m'a dit qu'elle était au Bataclan le 13 novembre. Je lui ai dit que j'étais aussi une victime des attentats. On s'est mises toutes les deux à pleurer, à partager notre expérience. Mais j'ai aussi mesuré ma chance vis-à-vis du handicap. Elle a vingt-trois ans. À cet âge-là, on a envie de vivre, on découvre la vie, et du jour au lendemain on se retrouve meurtrie à cause d'inconscients. Je sais que le mot est faible mais je n'ai pas de mots pour les définir parce que ce sont des mots de rage. Je préfère les maintenir, garder ma politesse, sinon ça partirait dans l'extrême, dans la grossièreté. Et même ça, je ne veux pas leur donner. Ils ne méritent que du mépris. »

IX

POSTE MÉDICAL AVANCÉ

« Moi, la première vision que j'ai en arrivant rue Bichat, c'est celle d'un théâtre de guerre, d'une compagnie de combats qui s'est fait accrocher en Afghanistan ou au Sahel. »

« C'est très difficile pour un militaire d'accepter que la guerre arrive à Paris, parce que s'il y a bien une motivation pour devenir militaire, c'est bien la suivante : s'engager à l'étranger pour que la guerre n'arrive jamais en France. »

Et pourtant, sournoisement, insidieusement, puis avec plus de fracas, comme un orage qui gronde et roule avant de tonner, la guerre est bien venue jusqu'à nous, dans la capitale d'un pays se croyant à l'abri. Un pays où la guerre appartenait en principe à l'Histoire, où les anciens combattants racontaient leurs campagnes comme un lointain souvenir, avec un mélange d'horreur et de nostalgie – l'horreur du combat, de la peur et des tirs ; la nostalgie d'avoir été jeune pile à ce moment-là. Un pays où la guerre n'est plus qu'une affaire de militaires, de solides gars casqués, rompus à l'ordre et à la discipline, qui affrontent l'ennemi en dehors des frontières de l'Europe chapeautés par des chefs d'état-major qui planifient tout. C'est aussi ce petit pincement quand les légionnaires défilent avec barbes et tabliers le 14 Juillet.

Mais on l'a bannie de notre esprit, la guerre, on s'en est éloigné comme on craint la peste, on a mis fin au service militaire il y a vingt ans et l'on s'intéresse plutôt à la dimension humanitaire du métier de soldat. La guerre, on sait juste qu'elle existe mais on ne l'a jamais rencontrée.

Le professeur Tourtier, médecin-chef de la brigade des sapeurs-pompiers de Paris, connaît la guerre pour l'avoir éprouvée sur le terrain et dans le cadre de l'hôpital militaire du Val-de-Grâce où il a exercé dix années. En embrassant cette carrière, le jeune médecin militaire ne s'attendait certainement pas à se mettre à exercer sa spécification médicale sur la population civile de Paris.

Pourtant, au moment où il reçoit deux appels ce soir du 13 novembre, l'un évoquant des explosions au alentours du Stade de France, l'autre faisant état d'une fusillade au cœur de Paris, rue Bichat dans le Xe arrondissement, il est choqué mais n'est guère surpris. Le médecin-chef comprend immédiatement qu'il s'agit là d'une attaque terroriste complexe, et que ce n'est sans doute pas terminé. La situation va certainement dégénérer au cours de la soirée et il faut immédiatement déclencher une exceptionnelle organisation des secours, où seront mises en œuvre ces compétences de médecin militaire.

Cette conviction, Jean-Pierre Tourtier la tient en premier lieu, sans doute, de l'intuition que chaque vocation génère dans l'esprit de celui qui l'exerce, une forme d'instinct du métier. Mais elle n'est pas sans raisons objectives.

D'une part, les attentats du mois de janvier avaient mis en alerte la police et les organes de secours sur les risques de nouvelles attaques d'ampleur et, d'autre part, le général de brigade et le commandant en second, en lien avec la police et le ministère de l'Intérieur, avaient annoncé qu'il existait un risque de fusillade dans de multiples endroits de Paris.

« Donc on se préparait à ça au sein de la brigade, on s'y préparait notamment en analysant l'expérience des autres capitales européennes ayant connu des attentats, comme Londres ou Madrid. Mais on savait que depuis les attentats de janvier, il fallait s'attendre à une situation plus dure encore et on formait nos équipes de pompiers à la médecine de guerre, la pause de garrot, la réalisation de pansements hémostatiques, on formait les médecins en les équipant du meilleur matériel pour prendre en charge les chocs hémorragiques des victimes d'armes de guerre. Des articles ont été publiés dans des revues scientifiques notamment par le docteur Carli, patron du Samu de Paris. Nous avons pu confronter nos points de vue et diffuser la doctrine de la médecine de guerre adaptée aux soins pré-hospitaliers. Nous faisons aussi – et nous faisons toujours – des entraînements réguliers, tous les samedis au moins, au centre de coordination de la brigade sur une simulation d'attentats. J'étais d'ailleurs ces derniers temps à l'école du Val-de-Grâce pour assister à un exercice de prise en charge d'attaque chimique et radiologique. »

Le matin du 13 novembre, un entraînement pour préparer la gestion d'une situation de fusillades multiples avait eu lieu avec le SAMU. Cruellement, le hasard a voulu que cette expérience de simulation se concrétise le soir-même.

Après le déclenchement du « plan blanc » – le dispositif de mise en alerte des hôpitaux, des services de secours et d'urgence, ainsi que leur coordination –, le professeur Tourtier envoie immédiatement un médecin chevronné aux abords du Stade de France alors que lui-même se dirige en tant que directeur des secours médicaux rue Bichat pour préparer la chaîne pré-hospitalière.

« En ce qui concerne l'organisation, comme on sent que la situation va évoluer et simultanément sur plusieurs sites, on rappelle des pompiers, des médecins pour qu'ils se rendent disponibles et pour gréer plus de « moyens médicaux » – le personnel, le matériel et les véhicules –, qu'on va multiplier par trois. On passe donc de sept à vingt-et-un « moyens médicaux » pour la brigade. Mon adjoint direct, le docteur Bignand, va coordonner leur déploiement sur chacun des sites touchés et qui vont malheureusement être nombreux cette nuit-là. »

Peu de temps avant, à 21 h 20, des tirs en rafale ont visé le bar Le Carillon et le restaurant Le Petit Cambodge situés tous deux à l'angle de la rue Alibert et de la rue Bichat. Les assaillants étaient à bord d'une voiture noire et ont fui après avoir arrêté leur véhicule pour massacrer la foule installée sur les terrasses en ce mois de novembre particulièrement doux.

« Moi, la première vision que j'ai en arrivant rue Bichat, c'est celle d'un théâtre de guerre, d'une compagnie de combats qui s'est fait accrocher en Afghanistan ou au Sahel », avec toutefois cette différence : « le militaire est protégé par un casque, un gilet pare-éclats ou pare-balles. Les victimes civiles ne sont pas protégées et se sont fait tirer dessus sans aucune chance de survie. »

Durant le trajet, le professeur Tourtier avait organisé les opérations.

Deux coups de téléphone.

L'un au général Boutinaud. Celui-ci, depuis le centre opérationnel de la brigade des sapeurs-pompiers de Paris, va prendre le commandement des opérations de secours sur le terrain.

L'autre au professeur Carli, son confrère du SAMU, afin qu'il se prépare à « monter en puissance » car plus le temps avance, plus le médecin-chef des pompiers pressent que les évènements sont d'une gravité exceptionnelle et qu'il va falloir mobiliser toutes les forces vives du secourisme pour tenter de limiter le nombre de morts et soigner au mieux les victimes.

Des blessés graves ont commencé à être pris en charge par les pompiers arrivés les premiers et leurs médecins tandis que des corps gisent inanimés dans une mare de sang.

La rue Bichat jouxte l'hôpital Saint-Louis et ces bars sont le lieu de détente privilégié de son personnel. Étudiants et infirmiers viennent y prendre un verre pour décompresser après leur journée de travail et ce soir-là, sont présents des internes en dermatologie qui, dès la fin des tirs, ont prodigué les premiers soins et ont continué, durant la soirée, à contribuer aux secours, dans une ambiance relativement et étrangement calme, qui étonne le docteur Tourtier, une ambiance qu'il avait déjà noté lorsqu'il était intervenu aux côtés du docteur Pelloux au moment des attentats de *Charlie Hebdo*. Un calme relatif au milieu du chaos et du carnage.

Bon nombre de gens sont dans un état stuporeux, ils sont hébétés, ils restent prostrés ou errent dans la rue comme des zombies, ils sont vivants mais quelque chose en eux vient de mourir, ils ne s'en apercevront probablement que plus tard.

D'autres, blessés ou tout aussi hagards, se posent l'éternelle question : « Que vient-il de se passer ? »

Pour le commun des mortels, ce sont des victimes innocentes, les victimes d'un terrorisme aveugle, qui ne cherchent qu'à plaider non coupables devant le tribunal de l'absurde. En réalité, pour leurs ennemis, ceux qui ont frappé ce soir-là et ceux qui frapperont encore, pour Daech, pour leurs complices ou ceux qui adhèrent à leur vision du monde, ils sont coupables. Ce ne sont pas des cibles civiles au sens où l'entend l'ONU, ce sont des combattants, certes sans armes à feu, mais des combattants tout de même. Pour ce terrorisme-là, aucune personne n'est innocente dans les conflits qui opposent les civilisations. Toute la communauté est responsable de la société à laquelle elle appartient, de ses agissements et de la politique de ceux qu'elle élit.

Se trouver en terrasse ou siéger à l'Assemblée nationale, c'est la même chose. En démocratie, le citoyen est le législateur – le citoyen est responsable. C'est de la chair à canon envoyée sur le front des cafés, des salles de concert, des lieux où on célèbre le jeu et l'argent, où s'épanouit l'impérialisme occidental ; des bureaux où s'expriment la pensée et la liberté de la presse ; des lieux où se complaisent des mécréants, qu'ils soient athées ou qu'ils arborent des étoiles de David ou la croix des croisés.

Innocents ? Non. En guerre personne ne l'est. Et la guerre est déclarée, par nos ennemis, sans tocsin ni conscription.

L'obsession du docteur Tourtier est – réflexe de médecin de guerre – d'arrêter le plus d'hémorragies possibles. Les principaux types de blessures que l'on rencontre dans ce type d'attentats sont au thorax – la plupart des personnes atteintes de ces lésions sont mortes immédiatement. Pour celles qui luttent pour leur survie, il faut stopper l'installation d'hémothorax ou de pneumothorax, c'est-à-dire l'épanchement sanguin ou aérique autour des poumons. Beaucoup de blessures affectent également les membres pour lesquels la pause de points de compression ou de garrots va éviter que les blessés ne tombent dans un choc hémorragique qui engagera leur pronostic vital.

Dans un tel état d'alerte et d'urgence, il faut réquisitionner des hôpitaux qui ne sont pas habitués à recevoir autant de victimes civiles d'un coup.

Le plan d'action est efficace. Au niveau des hôpitaux militaires de Bégin et de Percy, on passe, en trois quarts d'heure, d'une salle d'opération disponible à six salles. Médecins et infirmiers sont revenus, quasiment spontanément, sur leurs structures de travail dès qu'ils ont été informés des évènements afin de participer à la prise en charge des victimes. Ce même élan s'observe au sein des structures hospitalières de l'Assistance Publique où praticiens et soignants se mobilisent pour être opérationnels dans les plus brefs délais.

Mais dans un premier temps, il est impossible d'évacuer les victimes tant que la zone n'est pas encore entièrement sécurisée par la police. La seule manière de les faire survivre est de les amener vers la structure la plus proche, l'hôpital Saint-Louis, qui ouvre alors grand ses portes pour accueillir les blessés les plus graves. Par la suite, pompiers et membres du SAMU s'organisent pour diriger chaque victime vers un hôpital militaire ou un centre traumatique de l'Assistance Publique des Hôpitaux de Paris afin qu'elle soit prise en charge par ces structures dotées d'un matériel de réanimation de haut niveau et de chirurgiens rompus aux traumatologies graves.

Cette efficace répartition, en fonction des pathologies de chaque traumatisé, portera ses fruits puisque, au terme des attentats, plus de quatre-cents blessés pourront être accueillis au sein des centres hospitaliers de la capitale et de la petite couronne, dans des conditions, certes infernales, mais qui leur permettront d'être opérés et soignés.

« Il y a quelque chose qu'on porte en nous, médecins, qui nous anime en de telles circonstances, c'est la vocation intime de sauver des vies. »

Avec émotion, le professeur Tourtier évoque cet esprit commun qui lie le service public : pompiers, hôpitaux, soignants, SAMU, et la solidarité dont chacune des corporations a su faire preuve, un lien qui va au-delà de leur mission et qui prenait des allures, ce soir-là, « d'une fraternité de combat ».

« Sauver des vies, limiter les dégâts, sauver des vies », c'est le *leitmotiv* de tous les acteurs, rue Bichat. Chaque seconde compte, c'est une course contre la montre à laquelle participent également les victimes qui, malgré le choc, se trouvent en état d'aider.

Chaque pouls qui bat encore est une victoire. On aimerait retenir le temps pour lui permettre de battre encore et encore, mais parfois il est trop lent, et s'éteint, incapable de rattraper son retard. La course est perdue. Un mort de plus. Mais on ne peut s'attarder davantage sur lui, il faut aller voir un autre corps étendu là, et qui respire encore, un garrot de fortune lui a été posé par un volontaire civil. On manque de matériel, alors c'est une ceinture qui a fait l'affaire. Qu'importe : l'hémorragie est stoppée, l'homme est en piteux état mais vivant. Il pourra être évacué puis hospitalisé.

On enjambe des corps et on marche sur des chargeurs de kalachnikovs. Une arme fiable qui ne s'enraye pas et dont les impacts, selon l'angle de tir, la distance et la cible, dévastent les chairs et sectionnent un membre.

On arpente tout le site pour séparer les morts des vivants, chercher encore et encore – une vie à sauver, une personne à soulager.

Un jeune homme s'énerve :

« Et ma sœur, on fait quoi ? On la laisse là ?

– Elle est en train de mourir, on ne peut rien faire pour elle, tout ce que vous pouvez faire, c'est l'accompagner. Restez auprès d'elle. »

Un homme agrippe la main d'un autre qui se trouve à côté de lui – la vie est peut-être contagieuse. Non loin d'eux, un pompier réanime une femme pendant qu'un autre rassure une victime couverte de sang. Deux hommes déplacent un cadavre, l'un le tient au niveau de la tête, l'autre l'a attrapé par les pieds. Peut-être s'agit-il d'un ami qu'ils veulent mettre à l'abri des regards.

La zone est sécurisée. Les pompiers et le SAMU organisent des convois d'évacuation avec des moyens médicalisés pour les blessés les plus sérieux.

Des véhicules de secours arrivent également, dans lesquels on charge plusieurs victimes, pour plus d'efficacité. La mission du professeur Tourtier s'arrête là. Du moins pour la rue Bichat.

« J'attends que les choses soient bien avancées et je rejoins à minuit la zone du Bataclan où le contexte est différent car la menace persiste. »

Les terroristes qui ont fait irruption au Bataclan se trouvent depuis deux heures dans la salle avec des otages. La police a pu pénétrer sur les lieux et a commencé à libérer certains captifs. Dans chaque colonne de la BRI qui avance à l'intérieur du site, se trouve un médecin pompier de Paris. Sa priorité est de mettre en état de survie les victimes et de les faire évacuer dès qu'une zone est sécurisée par la police.

Mais subsiste à ce moment-là l'inconnue du nombre des assaillants et l'ampleur de leurs moyens.

La plupart des otages libérés ainsi que les spectateurs qui ont réussi à s'enfuir sont regroupés dans les cours des immeubles. On compte parmi eux des blessés graves, certains vont mourir dans les courettes au moment même où le professeur Tourtier, en compagnie du SAMU, va réarticuler le dispositif pour les déplacer dans une zone davantage sécurisée, afin de diriger les personnes meurtries vers des structures hospitalières.

Depuis 22 h 30 les policiers de la BRI progressent dans le Bataclan, rejoints ensuite par les membres du RAID.

« On sait que l'assaut va être donné par la police et on se prépare à des vagues d'arrivée de victimes. L'organisation de la prise en charge se fait très vite entre ce que je suis, le médecin, le commandant des opérations de secours qui dirige l'ensemble des chaînes de pompiers et des chaînes médicales pré-hospitalières, et le général Boutinaud, qui va prendre le commandement des opérations de secours du Bataclan car lui aussi perçoit en arrivant que la situation va s'aggraver et qu'il faudra se préparer à recevoir encore de nombreux blessés. Nous prenons directement la direction des opérations car nous savons que la situation est complexe et voulons directement en être responsables. »

Policiers, soignants, pompiers, tous savent que le bilan des pertes humaines et des blessés sera terrifiant.

La tension est palpable et c'est pourtant toujours avec étonnement que le professeur Tourtier observe le calme et la solidarité qui règnent sur le site. Là encore, comme dans la rue Bichat, les victimes qui le peuvent portent alors secours aux autres, dirigées par les pompiers ou les médecins qui leur montrent les gestes simples qui peuvent sauver.

« De nombreux pompiers de Paris sont présents et je suis toujours bluffé par ce mépris du danger qu'ils ont. »

Les visages des pompiers sont tendus, tout dans leurs gestes indique la concentration : aucun mouvement inutile. Millimétré seulement, pour gagner en efficacité. Les muscles et les nerfs sont contractés, surconnectés au cerveau. Ils donnent les ordres et les reçoivent avec calme. Il s'agit de conserver sa lucidité au milieu du cauchemar, ne pas se laisser emporter par l'émotion.

Être inflexible tout en restant humain, sans devenir des machines, à rebours de ce que sont les kamikazes, engins de guerre remarquablement programmés qui fauchent tout sur leur passage en réifiant leurs cibles, préalablement blindés jusqu'à être devenus des objets eux-mêmes, prêts à se tuer en tuant.

Rester humain, donc. À tout prix. Malgré l'alerte et l'état d'urgence qui peuvent rendre tantôt animal, tantôt machine.

Rester vivant. Être vivant. Ce mot « vivant » est dans la tête de la plupart des victimes, qu'elles s'accrochent pour rester en vie ou qu'elles savourent inévitablement la survie, le spectacle du perpétuel combat qu'est la vie.

Il est dans ce micro-univers, confus, abandonné à la déraison et à l'effroi, où des corps et des âmes fracassés ont échoué dans un monde qu'ils ne connaissaient pas, une planète étrangère où l'espace-temps n'est plus le même. L'attente et la souffrance allongent la moindre minute. On peut lire la douleur sur les visages, l'incompréhension, mais on voit aussi des sourires qui s'échangent au milieu des ténèbres. Les couvertures de métalline sur le dos des blessés pour éviter l'hypothermie brillent au sol et scintillent comme des bougies votives.

Terrassés par le choc, certains errent tels des fantômes, absents de leurs propres corps, ne se rendant même pas compte qu'ils sont blessés par balles et qu'ils ont urgemment besoin d'être pris en charge pour juguler l'hémorragie.

Aidants et évacués se croisent et passent devant un cadavre en position assise contre un mur. Son menton repose sur le haut de son buste, il est avachi, comme un fêtard ivre en fin de soirée, le reste d'une cigarette à ses côtés. Il était sorti fumer au moment où les terroristes sont arrivés.

Les secouristes s'affairent à recomposer un monde cohérent, où chacun tient sa place, où la réalité reprend ses droits.

« Une des responsabilités des soignants, des médecins, c'est d'organiser le chaos. »

À 00 h 20, l'assaut est donné. Les deux colonnes enfoncent les portes du Bataclan. Le professeur Tourtier se positionne alors dans les courettes où vont se réfugier les otages libérés.

« On va ensuite évacuer les blessés vers le poste médical avancé qu'on a construit en zone sécurisée, rue Oberkampf. Il va accueillir les victimes afin qu'elles puissent recevoir des soins en urgence avant d'être menées vers leurs structures hospitalières. De là, on va travailler avec les associatifs – remarquables – notamment au niveau de l'accueil de ceux qui ne sont pas blessés mais qui ont vécu une agression psychique majeure. »

Les associations – Croix-Rouge, Protection Civile, Croix de Malte – œuvreront jusqu'au lendemain matin pour assurer un premier soutien et diriger les impliqués et les témoins vers les cellules psychologiques mises en place à la mairie du XIe arrondissement et l'Hôtel-Dieu.

Ensuite, le médecin-chef se dirige à nouveau vers le Bataclan. Il aura fallu une cinquantaine de minutes pour délivrer tous les otages.

Les médecins pompiers, qui se trouvent à l'intérieur, l'informent qu'il ne reste plus que les morts. Pour Jean-Pierre Tourtier, sa mission s'arrête ici. Il n'y a plus de vies à sauver.

Il reste à l'entrée de la salle de spectacle. Nul besoin de s'avancer beaucoup plus pour voir qu'il s'agit d'un véritable charnier.

« Mon expérience s'est toujours limitée à l'étranger. Là, ce qui est marquant, c'est la masse de victimes civiles. Des corps gisent, les uns à côté des autres, et ça glace le sang. J'emploie le terme de charnier car c'est une attaque déshumanisée, d'une agressivité sans nom. Il y a eu de l'acharnement sur certains corps et des blessures qui ne laissent aucune chance à la moindre survie. »

Les corps sont criblés d'impacts, des pieds à la tête. Une ombre passe sur le visage du médecin-chef au moment où il évoque ce souvenir sur lequel il ne souhaite pas s'attarder. Il a soigné de nombreuses victimes de guerre, mais ces soldats avaient le corps et la tête sous protection.

« ... Aucune chance de survie et des lésions physiques importantes. Tout ce que vous pouvez imaginer sur des gens qui ne sont pas protégés. »

Le médecin se souvient d'un couple de jeunes qui gisaient parmi les autres cadavres. Ils étaient dans les bras l'un de l'autre. Sans doute se sont-ils sentis mourir et ont préféré partir tous deux enlacés.

Et au milieu de ce silence macabre, il y a les portables qui sonnent ou qui vibrent dans les poches et les sacs des morts. « On voit maintenant sur les *smartphones* les noms qui s'affichent. J'ai pu lire « Maman », « mon cœur », etc. Ça m'a beaucoup marqué… »

De l'autre côté du téléphone, des parents, des amis, des amours appellent, inquiets et en même temps pleins d'espoir. Ils tombent sur une voix de répondeur qui leur indique que leur correspondant les recontactera ultérieurement. Des proches, bien qu'ayant appris la nouvelle, ressentiront le besoin de continuer un moment d'appeler le numéro familier juste pour entendre cette voix bien connue qui leur promet un rappel.

Quand le docteur Tourtier sort du Bataclan, personne ne sait encore si un risque persiste. La police reste en éveil, d'autres attentats peuvent être perpétrés au cours de la nuit. Finalement, le Bataclan sera le dernier site attaqué.

Le médecin contacte alors les pharmaciens afin de réalimenter en matériel le plus vite possible les véhicules de secours à victimes et les ambulances de réanimation pour se préparer à une éventuelle nouvelle attaque.

« Puis, je retourne à la Brigade retrouver le docteur Bignand, qui a coordonné sur l'ensemble des sites d'attentats les moyens médicaux depuis le centre opérationnel afin de discuter de la vision collective et globale de ce qui a pu se passer cette nuit-là. On a fait le maximum pour éviter les morts. »

Toutefois pour un médecin, faire le maximum n'est jamais une pleine et entière satisfaction.

Dans les casernes, dans les hôpitaux, au SAMU, on continue de s'exercer au sauvetage de combat. La médecine de guerre devient un outil indispensable sur le sol français, même si les civils ne portent ni armes ni treillis.

La formation aux premiers secours risque de devenir une priorité pour chaque citoyen dans les mois qui viennent. Le médecin-chef est convaincu de l'aspect obligatoire de cette formation dès l'école.

« Déjà, la Brigade ouvre des casernes à des groupes de quinze personnes pour leur apprendre, en deux heures, à prévenir les secours en cas de situation exceptionnelle comme un attentat, à poser les garrots de fortune, à mettre les gens dans la bonne position, demi-assis ou en PLS[1]. On cherche à former les Parisiens pour qu'ils sachent quoi faire en attendant qu'on arrive. D'ailleurs, les candidats à cet apprentissage se comptent par centaine. »

Les attentats du 13 novembre constituent l'attaque la plus grave sur le sol français depuis la Seconde Guerre

1 Position latérale de sécurité.

mondiale. Selon le docteur Tourtier, le risque terroriste a pris une autre dimension : « On a basculé ce jour-là, dans la situation d'un pays qui est dans une guerre hybride, avec une situation à l'extérieur où la France est engagée sur de nombreux théâtres d'opérations et une situation à l'intérieur, où la France est elle-même le théâtre d'opérations. »

X

FUCK THE DEVIL

« J'aime la France, j'aime cette putain de langue. »

Cette belle déclaration d'amour, Jesse Hughes, le leader des Eagles of Death Metal, EODM, l'a faite face caméra, les yeux embués, sur la chaîne Canal+ après son concert à Stockholm et peu de temps avant de se produire à l'Olympia pour « terminer le concert qu'il n'avait pas pu finir au Bataclan, le 13 novembre » selon une formule consacrée que les médias et les fans reprennent à l'envi depuis qu'ils savent que le groupe va revenir jouer à Paris.

Julian Dorio, membre du groupe The Whigs et batteur occasionnel pour les EODM, présent lors de l'attentat, l'avait annoncé dès le 23 novembre sur son compte Instagram : « Le 13 novembre 2015, avec mes copains, j'ai eu le privilège de jouer devant l'une des foules les plus énergiques de notre tournée lorsque, environ à la moitié du concert, l'inimaginable est arrivé. Le Mal absolu et inutile a perverti notre monde… Je compte les jours jusqu'à ce que je puisse enfin finir ce concert. Peace and love. »

« Le Mal absolu », s'est manifesté au Bataclan à 21 h 40 au moment où le groupe chantait *Kiss the Devil*, une coïncidence d'une ironie dont seul le Diable est capable. « Il » s'est incarné en la personne des trois terroristes qui ont fait irruption en tirant avec des kalachnikovs dans la salle. Les spectateurs ont d'abord cru à des pétards ou une mise en scène intégrée au spectacle avant de comprendre qu'ils étaient en train de se faire massacrer. Sur scène, c'est aussi la stupéfaction. Les armes, en pétaradant, donnent l'impression d'un crépitement de flashs, qui éclairent alternativement les musiciens, Dave Catching, le guitariste avec sa barbe blanche à la ZZ Top apparaît tel un fantôme. La musique s'arrête d'un coup.

« Au début je croyais que les haut-parleurs crépitaient, puis je me suis très vite rendu compte que ce n'était pas ça », raconte Eden Galindo, un des guitaristes.

Jesse Hughes, selon des témoins de la scène, aurait eu un moment de stupeur, même si le chanteur, féru d'armes en tout genre – on le lui reproche suffisamment – préfère la jouer à la dure, même s'il est fort possible que son oreille, sensible au doux bruit d'une gâchette ou d'un *staccato*, lui ait permis de se rendre compte plus vite du danger : « Quand j'ai entendu les coups de feu, mec, moi, oui, je comprends. Moi j'ai grandi avec le bruit des armes, je sais reconnaître le tir d'une kalachnikov ou d'un 9 millimètres. Mais les gamins dans la salle, eux, ne pigent rien. Ils n'ont même pas peur. »

Jesse se jette sur Eden, qui se trouve à sa droite, et le plaque au sol. Le voici avec Dave sur le côté de la scène, accroupis, cherchant à fuir tout en se demandant qui peuvent être les tireurs qui ont le mauvais goût de prononcer leurs revendications en français, si bien que les membres du groupe ne savent pas à qui ils ont affaire. S'agit-il de tueurs fous voulant perpétrer un *mass murder*, comme on peut en rencontrer au détour des lycées aux États-Unis, ou bien sont-ce eux, les Eagles of Death Metal, qui sont personnellement visés ? C'est en tout cas une question qui traversera l'esprit d'Eden.

Mais qui pourrait en vouloir aux EODM ? Le heavy metal traîne derrière lui une réputation sulfureuse, celle du satanisme et de la violence, mais de métalleux, le groupe n'a que le nom. Fondé en 1998 par Joshua Homme, également leader du mythique Queens of the Stone Age, et son ami d'enfance Jesse Hughes, leur musique a la seule prétention de faire danser et revenir aux bases du bon vieux rock, mâtiné de blues, de pop, accompagné de martelages sur percussions bien nourris. Quant aux textes, on connaît plus engagés. Les thèmes dominants sont également un retour aux fondamentaux : sexe, drogue et rock'n'roll. Le nom de leur dernier album, prélude à la tournée qui les a conduits au Bataclan, est *zipper down* – braguette ouverte. Certes, ça peut ne pas plaire à tout le monde, mais niveau idéologie à combattre, ça reste calme, pas de quoi déclencher une guérilla. Les EODM sont une bande de potaches qui reprennent tous les clichés de la musique qu'ils aiment. Tatouages, provocations, sexisme et drogue. Ils se moquent de ces codes comme ils se moquent d'eux-mêmes, pratiquant le second degré jusque dans leurs clips et leurs paroles. Même leur nom est une parodie. Il n'a aucun sens en soi. Il associe dans un mélange improbable la lourdeur du death metal au nom des Eagles, auteur du nettement plus sirupeux *Hotel California*.

Pour l'heure, ils cherchent un moment propice pour s'enfuir de l'enfer.

« Boot, qui fait partie de notre staff technique, a remarqué que la cartouche du tireur était vide, et qu'il [le terroriste] la rechargeait. À ce moment-là, il a crié : « On bouge ! » On a quitté la scène, on a pris l'escalier », explique Eden. Ils sont suivis de Julian, le batteur, qui a entendu les injonctions de Boot et en a profité pour courir de la scène à l'escalier.

Pendant ce temps, Matt McJunkins, le bassiste, qui se trouve sur la gauche de la scène trouve son salut en se dissimulant derrière un ampli avant de pouvoir emprunter une porte menant vers un escalier, véritable labyrinthe qui le conduira dans une loge, où il s'entassera avec des spectateurs dont certains sont blessés. Il ne sortira qu'au moment de l'assaut final.

Shawn London, l'ingénieur du son des EODM se trouve, quant à lui, au fond de la salle derrière sa console et à proximité de la porte d'entrée lorsqu'il entend la fusillade. Visé, il réussit à s'abriter sous sa table dont les boutons explosent. Contrairement à ses comparses, il saisit assez vite la nature de la tuerie en entendant un des assassins crier « *Allah akbar* ! »

Des spectateurs viennent se réfugier à ses côtés sous la console.

« Derrière moi, une fille était touchée au torse et à la jambe, elle hurlait et je lui disais de rester calme pour ne pas attirer l'attention sur nous. On a entendu les tirs s'arrêter, le type n'avait plus de balles. Je crois qu'il avait un sac à dos et il essayait d'en sortir. J'ai dit : « Il recharge, on doit y aller ! » On s'est levés, six d'entre nous sont partis vers la droite et on a pu sortir. J'ai pris la fille avec moi, aidé par un mec. »

Jesse et les autres membres du groupe montent précipitamment vers leur loge afin de chercher Tuesday, la petite amie du chanteur. Elle ne s'y trouve pas. Fou d'inquiétude, Hughes n'a pas l'intention de partir sans l'avoir retrouvée. Il monte au deuxième étage, ouvre la porte qui donne sur les balcons et se retrouve en face d'un des tueurs.

« *Oh, fuck* ! »

C'eût été la mort assurée s'il n'y eût eu un dieu des *rock stars*. Le terroriste est en train de recharger son arme, et, en allongeant le bras, il heurte le cadre de la porte avec la Kalach. Ces précieuses secondes de sursis permettent aux otages de rebrousser chemin à toute allure. Jesse crie à ses acolytes et aux autres personnes qui les ont suivis de « se barrer vite ».

« Je pensais que le mec allait venir vers nous pour nous tuer mais non ! Il est resté au balcon pour tirer sur les gens dans la fosse. »

Il était à l'évidence plus facile et plus jouissif de demeurer à ce poste stratégique, digne de prédateurs de pacotille, et tirer sans se fatiguer sur des cibles déjà blessées afin d'en abattre définitivement le maximum.

Tous dévalent les escaliers, paniqués. Arrivés en bas, la plupart ne savent pas quoi faire. Ils commencent à partir dans tous les sens alors que Julian avise une sortie, celle des artistes et s'y engouffre. Jesse ne peut se résoudre à quitter l'endroit sans Tuesday. Il demeure hésitant. Rester dans ces lieux, c'est la perspective de tourner en rond vainement avec le risque de se faire buter à tout moment. Eden le presse :

« Mais qu'est-ce que tu fous ? Viens, faut qu'on se tire ! »

Non, Jesse Hughes ne veut pas mourir ce soir, mais Jesse Hughes n'est pas l'homme qui abandonne sa femme. Le rocker a des principes et la foi chevillée au corps. Soudain, il entend la voix de Tuesday, dehors, héler Julian. Elle s'était cachée entre deux voitures.

« J'ai su qu'elle allait bien. Eden m'a attrapé et on est partis. »

Ils se retrouvent dans une petite rue au milieu d'hommes et de femmes qui ne semblent pas vraiment réaliser ce qui se passe, ils marchent, ils courent puis restent prostrés, déboussolés par les évènements. Mais ce n'est pas le moment de s'attarder pour étudier le comportement humain. Jesse, Eden, Julian et

Tuesday emboîtent le pas à un groupe d'une huitaine de personnes qui les invite à les suivre. Menée par un jeune homme, Vincent, dont le métier est policier mais qui était ce soir-là un simple spectateur et surtout un grand fan, la petite troupe évite les ruelles où le danger peut encore les guetter. Le souvenir des frères Kouachi, qui avaient rejoint leur voiture en continuant de semer la mort lors de l'attentat de *Charlie Hebdo*, est dans la mémoire du jeune flic qui est à bonne école, puisque son père, qui l'accompagne ce soir-là, est aussi de la maison. Vincent leur explique comment réagir si des tirs surviennent : il faut se planquer derrière une voiture et choisir l'avant, car les balles de kalachnikov ne peuvent pas traverser les moteurs. Tous s'engagent dans le boulevard Beaumarchais qui mène à Bastille.

Sur le chemin, Jesse veut se rendre dans un commissariat. Ils continuent d'avancer sur le bord du trottoir en cherchant des yeux un taxi. Ils hèlent une lumière verte au loin. Les membres du groupe quittent chaleureusement leurs compagnons d'infortune.

« Un des garçons, prénommé Arthur, donne quinze euros au taxi et lui demande de nous emmener au commissariat le plus proche. Surtout, il nous dit : ce que vous vivez là, ce n'est pas Paris. »

Au commissariat, les musiciens s'autorisent à souffler un peu. Le premier réflexe de Jesse Hughes est d'appeler son ami de toujours Joshua Homme, qui ne participe pas à tous les concerts et qui est resté aux États-Unis.

« C'est ce qu'on fait toujours quand on a un problème, on appelle Josh. »

En pleurs, le chanteur se souvient de cet appel :

« Je me sentais si coupable parce que j'avais laissé Matt sur scène et Debbie aussi, et je voulais que rien ne leur soit arrivé. J'avais besoin de savoir qu'ils étaient descendus de la scène. Josh ne me laissait pas penser à tout ça. Il me rassurait, il est toujours là pour le groupe. Il m'expliquait qu'il allait se rendre au bureau pour faire ce qu'il y avait à faire afin de nous ramener au plus vite. »

Joshua Homme, ce solide gaillard à la face de beau gosse californien, est le plus proche ami de Jesse Hughes, qui n'apparaissait à ses débuts que dans l'ombre de ce géant, au sens littéral du terme.

« Je le vois comme un putain d'Alexandre le Grand », confiait Jesse à un journaliste américain, quand il entamait la promotion du dernier album. Josh l'a sauvé. Alors qu'il était en pleine dépression, complètement accro aux drogues dures de toutes sortes, trompé et humilié par son épouse, perdait du poids jour après jour, son ami a été l'outil de sa rédemption. Il l'expédie en cure de désintoxication et l'oblige à puiser au fond de lui les ressources pour éveiller sa créativité de rocker, se révéler à lui-même.

« Ma mère jure que même ma structure osseuse a changé. Je ne suis pas la même personne, il s'est opéré un processus de transformation. Je ne sais pas le décrire autrement. Joshua avait envie que je révèle ma nature rock'n'roll. C'est ce qu'il voulait mais je m'en désintéressais. Je n'avais pas encore vu ma première pleine lune, alors je ne savais pas que j'étais un loup-garou. »

Le commissariat les envoie ensuite dans la « grande Maison », le Quai des Orfèvres.

« Je suis admiratif de la police française. Putain, les mecs ! Ils ont assuré ce soir-là. Ceux du Quai des Orfèvres m'ont impressionné. J'ai été interrogé dans une pièce où se trouvaient une affiche des Rolling Stones et une autre de Jimi Hendrix ! Je n'avais jamais rien vu comme ça. Le soir du 13 novembre, quand je suis arrivé là-bas et que j'ai vu l'affiche des Stones, je me suis dit : « Tout va bien, je suis en compagnie de rockers. » On parle le même langage. Ils nous ont fait comprendre qu'on était en sécurité avec eux. J'ai fait ce que je pouvais pour les aider, en leur donnant le maximum de détails possibles. »

Le flic et le voyou, un *janus* classique, deux faux jumeaux qui marchent côte à côte sur des fils suspendus au-dessus du précipice, prêts à affronter l'enfer et ce qu'il y a de plus sombre dans l'humain.

Quelques jours plus tard, Joshua Homme informe que les dons reçus sur le site de l'association caritative qu'il a fondée, The Sweet Stuff Foundation, pour aider les musiciens, ingénieurs du son et leurs familles lorsqu'ils sont frappés par la maladie ou le handicap, et ce jusqu'au 31 décembre, seront reversés aux familles des victimes du Bataclan, en hommage à leurs collaborateurs tués le 13 novembre. La comptabilité des morts a donné son chiffre, les EODM ont perdu quatre « collègues » : trois membres de leur label et Nick Alexander, en charge du *merchandising* du groupe. En évoquant ce dernier, Jesse pleure.

« Je pense à Nick qui a protégé une amie à lui. Il était blessé à mort mais il n'a jamais voulu appeler à l'aide parce qu'il ne voulait pas que quelqu'un d'autre soit touché. »

Les musiciens ont publié ce message quelques jours après la tragédie :

« Alors que le groupe est désormais en sécurité à la maison, nous sommes horrifiés et essayons toujours de comprendre ce qu'il s'est passé en France. Nos pensées et nos cœurs se tournent d'abord et avant tout vers notre frère Nick Alexander, nos camarades de maison de disques (Mercury) Thomas Ayad, Marie Mosser et Manu Perez ainsi que vers tous les amis et les fans dont les vies ont été fauchées à Paris, mais aussi vers leurs amis, leurs familles et leurs proches.

Bien que nous partagions le chagrin des victimes, des fans, des familles, des citoyens de Paris et tous ceux affectés par le terrorisme, nous sommes fiers de tenir debout ensemble, avec notre nouvelle famille, désormais unis par un objectif commun d'amour et de compassion.

Nous aimerions remercier la police française, le FBI, le département d'État américain et le ministère de l'Intérieur français, et tout particulièrement tous ceux qui étaient avec nous sur place pour nous aider du mieux qu'ils le pouvaient durant cette épreuve inimaginable, prouvant une fois de plus que l'amour éclipse le mal.

Tous les concerts de EODM sont suspendus jusqu'à nouvel ordre.

Vive la musique, vive la liberté, vive la France et vive EODM. »

L'heure est au recueillement. Jesse Hughes et ses partenaires ne s'expriment plus sur le sujet jusqu'à la diffusion, le 25 novembre, par le site *Vice* de l'interview du groupe que le magazine a recueillie en exclusivité. L'humour que la petite bande ne manque pas de pratiquer dès qu'un micro leur est tendu n'est plus de mise, aucune envie de rire chez ces rockers qui s'expriment sur leur expérience, le visage grave et les larmes jamais très loin du coin de l'œil. On y voit un Jesse Hughes particulièrement affecté, le visage baissé lorsqu'il écoute le témoignage de ses camarades, les traits douloureusement tirés, la voix chevrotante quand il parvient à finir une phrase, vaincu par la tristesse et l'émotion. Il pense à toutes ces victimes, ces « gosses » venus l'écouter et qui ont vécu l'horreur, « il y avait des gens qui se sont réfugiés dans notre loge, les tueurs sont entrés et les ont tous tués, sauf un gamin qui se cachait sous ma veste en cuir. Si autant de gens sont morts, c'est parce qu'ils ne voulaient pas abandonner leurs amis ».

« Nous avons un rôle à jouer maintenant parce qu'on est un groupe connu, mais nous représentons les fans qui ne sont pas sortis, les gens qui ne sont pas sortis et dont les histoires ne seront jamais racontés », ajoute Joshua, qui regarde tous les jours la liste des morts.

Les détracteurs de Jesse Hughes ne manqueront pas de critiquer la dramatisation de cette intervention. L'effet d'annonce, propre au site *Vice*, qui l'a précédé et le *coming soon* final lancé par le chanteur et ses comparses peuvent aussi bien apparaître, selon le camp que l'on choisit comme une formidable envie de revanche ou un *teaser* pour de prochains spectacles.

Le chanteur a essuyé de nombreuses critiques de la presse française, avec plus ou moins de force selon l'orientation politique, qui, après avoir glorifié le groupe martyr et souligné la sympathie de Jesse Hughes, toujours proche de ses fans, a découvert la « part de ténèbres » qui l'habite. Jesse, soudainement, est apparu loin d'être « aussi cool qu'il n'y paraît ». Et s'il n'est pas « cool », il n'est pas si rock'n'roll que ça. Logique implacable. Ange déchu, cet homme paradoxal qui aime la drogue et vit avec une ancienne star du porno, affiche clairement ses opinions conservatrices, son attachement à la foi chrétienne, « catholique », précise-t-il, bien qu'il ait été ordonné au sein de la secte The Universal Life Church, qui prétend se passer de ministres du culte pour donner les sacrements. Il se prononce contre l'avortement, défend le créationnisme, admire Bush et Reagan, soutient Trump, aime les armes et milite au sein du NRA, la National Rifle Association, le lobby des armes aux États-Unis. Bref, un « facho » pour faire bien et court, dégagé sur les côtés.

On veut bien du cheveu sale, des « *fucking* » à toutes les phrases, du blouson de cuir et de la moto, des guitares qui saturent et de la coke au coin des narines, mais pas question, quand on est rocker, de se salir avec des idées nauséabondes qui relient par la fange le bouseux texan et le réac français.

Le rock'n'roll, c'est la rébellion de salon, c'est casser une guitare parce que la société est injuste, trop injuste, que le racisme « fout les boules » et que les religions ne devraient plus aliéner nos cerveaux épris de liberté, surtout le christianisme, vaste fabrique à bigots comme en connaît l'Amérique puritaine, qu'on dénonce au passage, au risque de sa vie.

Il n'hésite pas à se déclarer sioniste et reste persuadé que le choix de la salle de spectacle par les terroristes est lié à cette question.

« Je pense que le Bataclan a été choisi parce qu'ils soutiennent Israël, qu'il y a des juifs qui y travaillent. Mais une attaque sur une personne, c'est une attaque sur tout le monde... Peu importe la cible, c'est le rock'n'roll qui est visé. »

Jesse Hughes est passé de héros du 13 novembre à personnage peu fréquentable dont il ne faut pas faire l'apologie. Son statut de victime en prend un coup. Il devient gênant que ce fût les EODM présents ce soir-là au Bataclan. On aurait aimé des rockers plus « respectables ».

La respectabilité, du moins celle-ci, Jesse Hughes s'en moque comme de sa première bouffée de cristal meth. Et ses fans aussi, qui n'épousent pas forcément ses convictions. Justement, c'est bien cela la magie du rock. La vraie rébellion.

Ces critiques réapparaissent au moment où le groupe retourne en France, pour donner ce concert à l'Olympia le 16 février. Un évènement qu'ils avaient soigneusement préparé, par crainte de décevoir leur public. « C'est une sacré responsabilité pour moi de terminer ce concert », s'angoissait le chanteur.

Auparavant, ils avaient fait un galop d'essai avec des concerts à Stockholm et Oslo. Et surtout, les Irlandais de U2 leur avaient offert une scène ouverte lors de leur concert à Bercy.

« J'étais bouleversé. Croyez-moi, on ne trouve pas beaucoup de sincérité dans le rock. Tous les membres de l'équipe de U2 ont été nos soutiens les plus chaleureux aimants et sincères. Ils m'ont permis de redonner vie à mon groupe. »

Avant son concert à l'Olympia, Jesse Hughes donne quelques interviews et apparaît à la télévision française en ne cachant rien de la fragilité qui l'habite, trois mois après les attentats. Des sanglots viennent interrompre ces paroles dès qu'il évoque la terrible soirée :

« Je pensais que ça serait plus facile de parler de tout ça avec le temps... Mais je n'y arrive pas [...] C'est une émotion étrange que je ne peux pas contrôler. Je ne fais pas de cauchemars, je dors bien mais dès que je suis éveillé, je vois des cauchemars. »

Finir le concert peut apparaître dès lors comme une thérapie, un acte salvateur. C'est en tout cas une idée partagée par une partie du public, présente au Bataclan et qui espère tourner une page en se rendant à la suite de la représentation inachevée. D'autres avouent ne pas se sentir la force d'affronter ce qui constitue pour eux une épreuve.

« On pourrait facilement comprendre s'ils ne voulaient plus jamais venir à nos concerts. [...] J'espère que nos fans savent que je les aime, dès qu'ils seront prêts à revenir, je serai là. J'espère qu'ils reviendront. »

Le chanteur s'est entretenu avec des victimes et l'association Life for Paris avant le spectacle. Un geste naturel pour cette rock star hors norme qui n'a jamais hésité à boire des verres avec ses fans et ne met pas de distance entre le groupe et le public.

« Ils sont mes amis. Ce ne sont pas juste des fans blessés envers lesquels j'ai une obligation. Ce sont des amis avec qui nous passions un moment merveilleux jusqu'à ce qu'il soit interrompu. Je veux voir comment ils se portent aujourd'hui. Je veux qu'ils sachent que je souhaite leur rétablissement. »

D'ailleurs, la tournée a été renommée après les attentats et s'appelle *Nos amis*, en français dans le texte. En hommage aux victimes du 13 novembre mais aussi « pour tout le monde, pour toute la France ».

Les bons sentiments n'empêchent pas Jesse Hughes de réaffirmer ses convictions politiques, poussé, il faut l'avouer, par les journalistes, qui ne manquent pas de l'interroger sur sa position quant à la légalité du port d'armes. Le chanteur veut se persuader que les choses auraient peut-être été différentes s'il avait pu rétorquer en sortant une arme, même si, selon lui, la question est hors-sujet.

« Est-ce que le contrôle sur les armes qu'il y a dans votre pays a empêché ces attaques ? Non. Tout ce qui a permis d'arrêter cette attaque, ce sont des personnes courageuses qui se sont ruées sur les terroristes. »

C'est non sans une certaine provocation qu'il explique :

« Dieu a créé les hommes et les femmes. Les armes les rendent égaux », ajoutant toutefois qu'il n'éprouve aucun besoin de se promener avec un flingue mais c'est au nom de la liberté qu'il prône ce droit du port d'armes. Quand on a grandi comme lui dans le Sud de la Californie, à deux pas du désert de Mojave, dans un État qui, à l'Ouest, se perd vers l'océan, on a sans doute en soi l'infini sentiment d'être libre ou, du moins, de vouloir l'être.

Le soir du 16 février, un public, tout aussi fébrile que les EODM, attend avec impatience de vivre l'expérience du retour. Beaucoup appréhendent ce moment, ignorant s'ils vont pouvoir s'abandonner à la fête ou se retenir pour ne pas partir avant la fin. Des postes de secours ont été mis en place.

C'est sur la chanson *Paris s'éveille* de Dutronc que Jesse Hughes entre sur la scène, vêtu d'une grande cape rouge qu'il enlève théâtralement. Joshua Homme est venu spécialement et retrouve son rôle de batteur. Le concert est un déchaînement de furie, de rock, de rage et de fête, le public est conquis, ovationne les EODM, en demande encore, au diapason avec le groupe qui donne l'impression de ne pas vouloir lâcher la scène. Le concert se termine, après le rappel, avec la Marseillaise.

Les musiciens n'ont pas joué *Kiss the Devil*, la chanson aux allures de prophétie sur laquelle avaient fait irruption les terroristes même si Jesse Hughes avoue que personnellement, c'est elle qu'il aurait joué en premier. Par défi. Mais lui, si enclin à la provocation et à la levée de majeur, ne souhaite, cette fois, heurter personne et le titre est absent de toutes les dates de la tournée.

Entre larmes et émotions, Jesse Hugues ne perd cependant pas de vue les basiques du bon vieux rock. Il avait fait une promesse au public : « Vous allez sortir avec la plus grosse trique que vous avez jamais eu ou les plus gros nibards que vous ayez pu imaginer. »

Il admire la France et les français. « J'ai vu une nation entière se dresser contre ses agresseurs en oubliant la politique une seconde après avoir été attaquée. On ne voit pas cela partout dans le monde. La réaction du peuple français a été la plus unitaire et la plus entière que j'ai constatée de ma vie. Je n'ai jamais vu de gens aussi déterminés à vaincre les méchants, à danser et passer du bon temps quoi qu'il arrive. »@

Il part même à la découverte du cinéma hexagonal et souhaite regarder nos films d'action, un genre qu'il affectionne particulièrement. Et ce n'est même pas de l'humour.

Le rocker attend la suite nerveusement :

« J'ai hâte de retourner à Paris, je veux être le premier groupe qui jouera au Bataclan à sa réouverture. »

And fuck the Devil.

XI

MILLE MORCEAUX

Le diagnostic a été posé : Omar, vigile au Stade de France, souffre d'inhibition psychomotrice. La science psychiatrique donne des noms aux afflictions, les étudie, répertorie, classifie, elle médicalise les maux de l'âme et de l'esprit, déshabille les « moi » et les « surmoi », prescrit des pilules pour contenir le mal. Selon les manuels médicaux, ce marocain de trente-deux ans souffre d'une dépression sévère qui se traduit par une diminution de ses facultés psychomotrices. Ses actions physiologiques, mentales, verbales et motrices se trouvent affectées et diminuées sur une plus ou moins longue période, permettant au sujet de résoudre ses tensions internes.

Dans les faits, le corps et l'esprit d'Omar apparaissent comme morcelés. Il est un prisonnier de guerre. Il ne croupit pas à l'intérieur d'une geôle sordide, il ne subit pas des interrogatoires répétés pour avouer ce qu'il saurait ou ce qu'il ne saurait pas, on ne l'a pas désarmé puisqu'il ne portait pas d'armes, aucun militaire ne l'a enchaîné et il ne fait l'objet d'aucune rançon. Mais il est dans une prison dont il est difficile de s'échapper. Celle dont les barreaux sont forgés par la mémoire, le traumatisme et la culpabilité.

Son corps est celui d'un blessé. Non pas qu'il ait été touché par un explosif ou un tir de balles, c'est à peine s'il a eu quelques égratignures quand il est tombé à terre. Et pourtant il marche lentement, difficilement, ses gestes sont lourds comme si tous ses membres étaient engourdis ou frappés de quelque handicap. Au loin, sa silhouette dans le couloir apparaît comme celle d'un bagnard, traînant le boulet enchaîné à son pied, courbé par l'effort et les privations, avançant à coups de pénibles enjambées.

Un fantôme de bagnard, car ces forçats ont disparu des pénitenciers de Cayenne tout comme Omar a disparu de son propre corps. Il ne l'habite plus vraiment, sa carcasse déambule en cherchant cette partie de lui-même qui l'a déserté. Cette architecture intérieure qui permet de se tenir debout, solide et droit, et d'animer tout l'organisme, le rend souple et véloce, l'homme l'a laissée au Stade de France. Près de la porte G, sur un trottoir un soir de novembre, elle fut déchiquetée par la bombe d'un kamikaze, meurtrie par la vision d'un mourant criant à l'aide et abruti par le chaos qui l'enveloppait.

Pourtant, en cette journée du 13 novembre, c'est avec joie qu'Omar, fan de foot, se rend aux abords du grand stade à Saint-Denis. Il n'y va pas pour voir le match tant attendu entre la France et l'Allemagne mais pour travailler. Il exerce la fonction d'agent de sécurité incendie au ministère de l'Environnement. Employé par la société Onet Sécurité, il est amené à effectuer des missions ponctuellement à l'extérieur, et son planning l'a affecté ce jour-là au contrôle des billets. Porte G.

« À 19 h 40, c'était l'ouverture des portes. Le personnel de la société Stand Up était arrivé, c'est eux qui s'occupent de fouiller les spectateurs. Ils sont placés derrière nous. Nous, on contrôle les billets et on retient les gens quand il y a trop de monde au niveau de la palpation. On était quatre à travailler pour le contrôle. L'un d'entre nous se trouvait entre la porte G et la porte H pour surveiller les fraudeurs, voir si tout allait bien. On le faisait à tour de rôle. »

L'atmosphère qui règne aux abords du stade est celle des soirs de match : festive et plutôt bon enfant. Toutes les générations sont réunies pour communier autour du ballon rond ou plus simplement profiter de l'ambiance. Les nombreux cafés et restaurants sont remplis de monde, les stands qui vendent les articles de rigueur pour tout spectateur qui se respecte un peu, écharpes et drapeaux, attirent leur lot de chalands prêts à encourager l'équipe de France et à rivaliser en ostentation avec leurs homologues allemands. Les badauds flânent sur le parvis pour respirer l'ivresse des grands soirs, des familles s'y promènent comme dans un grand parc d'attraction, des gens s'attendent, se cherchent et se trouvent, arrivent en grappe vers les portes du stade. Des groupes de jeunes se mettent à chanter, si tant est qu'on puisse appeler chant les mugissements qui sortent de leurs bouches. On croise des supporters dont les joues sont bariolées de bleu-blanc-rouge, souriants, excités d'aller rejoindre dans quelques minutes les gradins pour crier « allez les Bleus ! »

« Moi, je suis dans la sécurité, j'ai tendance à regarder autour de moi, voir si quelque chose ne va pas, c'est un réflexe », explique Omar.

Au milieu de cette foule, il remarque un jeune homme qui va et vient à intervalle plus ou moins régulier, scrute de temps à autre les entrées, attend un peu puis repart pour un nouveau manège. Il s'agit d'un jeune maghrébin d'une petite vingtaine d'années avec une queue de cheval à la mode : les cheveux assez courts ramassés au-dessus du crâne, vêtu d'une doudoune noire, d'un jean et de baskets. Le vigile, bien qu'il ait prêté une attention particulière à cet homme, sans bien savoir pourquoi, ne trouve pas pour autant son comportement singulier. Il n'est pas rare de voir des gens être en quête d'une personne et s'agiter en observant les alentours, il peut également s'agir d'un policier en civil, l'œil aux aguets, il y en a beaucoup lors de telles manifestations. Il semble chercher à rentrer dans le stade mais n'insiste pas.

Leurs regards se croisent.

« Je le vois, il me voit. On se regarde un moment puis il repart. »

Les deux garçons semblent s'être curieusement jaugés, se confrontant presque en duel dans un réflexe bien viril que les hommes conservent et qui les oblige parfois, et on ne sait trop pourquoi, à soutenir le regard des autres. Omar suit le jeune homme des yeux avant de se concentrer à nouveau sur les portes du stade.

Les spectateurs continuent de rentrer. Les palpations durant un certain temps, Omar et ses collègues contiennent les spectateurs qui commencent à s'agiter et veulent rentrer car le match va bientôt commencer. Par petits groupes, ils pénètrent dans le stade. Le parvis se vide progressivement de sa foule, les vendeurs de gadgets commencent à remballer leurs marchandises, il ne reste plus grand monde sur l'esplanade.

Quelques minutes plus tard, les hymnes nationaux inaugurent le début des hostilités.

« Quand j'ai entendu la Marseillaise, j'ai eu un frisson. Tout le monde qui se met à chanter, à vibrer, uni, d'une seule voix ; ça, c'est la France. »

C'est aussi le moment où les vigiles ferment les grandes portes du stade, ne laissant qu'une ouverture pour les retardataires.

À 21 h 00, le coup d'envoi est donné devant quatre-vingt-mille spectateurs et le président de la République, accompagné du ministre allemand des Affaires Étrangères, Frank-Walter Steinmeier, de Claude Bartolone et de plusieurs ministres. L'ambiance dans les gradins est joyeuse, c'est un match amical dont la vocation se doit d'être honorée également par les supporters.

« Après, vers 21 h 20, j'entends un grand bruit, une explosion. Ça venait de derrière moi. Je n'ai rien vu mais ça faisait l'effet d'un tremblement de terre, ça vibrait sur ma gauche. Il y avait une camionnette qui bougeait et les vitres des cafés aussi. Les murs, le sol aussi. »

Omar songe tout d'abord à une explosion de gaz. Il en redoute les émanations et l'éventualité d'un incendie. Il dissuade dès lors les personnes qui se pressent en direction du lieu d'où provenait la détonation de s'y rendre.

À l'intérieur du stade, le bruit de la déflagration se fait aussi entendre, plus sourdement, au moment précis où le défenseur latéral de l'équipe de France, Patrice Evra, effectue une passe en retrait. La caméra est sur lui et capte la réaction de surprise qui crispe son visage. Le joueur tourne son regard à l'opposé du ballon et ouvre les bras dans un geste d'interrogation. Dans les gradins, on continue de siffler et crier pour encourager les joueurs. Personne n'a vraiment prêté attention à ce bruit qui ne paraît pas incongru un soir de match.

À l'extérieur, pour ceux qui n'étaient pas à proximité de la porte D, c'est simplement un sentiment d'étonnement qui domine. L'ambiance et le lieu ne prêtent guère à se laisser gagner par une quelconque frayeur. Beaucoup de gens témoigneront avoir pensé qu'il s'agissait de pétards ou de bombes agricoles.

Toujours aux aguets, Omar prête l'oreille car il entend la discussion de deux policiers derrière lui. Un terme retient son attention : « attentat ». « Mes cheveux se sont hérissés. » Il ne prend pas la peine de demander aux policiers ce qui s'est exactement passé, ce mot retentit comme une sonnerie d'alarme dans son esprit et, immédiatement, il refoule les gens qui se dirigent vers les portes du stade, les enjoint de reculer, joignant le geste à la parole en les repoussant sans violence mais avec fermeté de telle sorte qu'ils prennent la direction opposée et s'engagent sur le boulevard qui les éloigne de l'esplanade.

Très vite, il remarque que seuls quelques vigiles demeurent à proximité des portes, les policiers sont partis vers le lieu de l'attentat.

Omar reste fermement planté devant l'entrée des retardataires. Inquiet mais les sens en éveil, il regarde autour de lui lorsqu'il l'aperçoit. Il est là et se dirige vers lui d'un pas tranquille. Le jeune homme qui avait croisé son regard plus tôt est revenu vers la porte G. Il tente de lui faire rebrousser chemin, comme il le fait pour toutes les personnes qui se dirigent vers le stade. Mais le jeune homme continue d'avancer. Sereinement.

« Reculez monsieur, il ne faut pas rester ici. »

Il continue son chemin posément.

« Reculez ! Qu'est-ce que vous faites là ? »

En guise de réponse, le jeune homme marche toujours d'un pas calme et déterminé.

Omar est déconcerté, il sait que la porte des retardataires est ouverte, il sent que cet homme souhaite y entrer, il voit bien que « quelque chose » ne tourne pas rond et il faut empêcher ce « quelque chose » d'arriver.

« Arrêtez ! »

Imperturbable, le jeune homme s'approche, comme machinalement. Il arrive à la hauteur d'Omar qui le repousse fermement. Il ne se débat pas, il ne cherche pas à en découdre avec celui qui lui interdit l'entrée, il se contente de reculer de quelques pas et de porter sa main vers sa doudoune.

Une déflagration énorme, un souffle qui balaye tout sur son passage, des morceaux de métal et de corps qui jaillissent dans les airs : l'impassible jeune homme vient de se faire exploser.

Le vigile est emporté par la tempête produite par l'explosion, il tombe à terre, le regard encore vissé sur l'endroit où le terroriste a actionné son arsenal. De l'auteur de l'attentat, il ne reste que des morceaux éclatés sur le sol.

Omar ne s'attarde pas sur ce spectacle, sa vision est happée par celle d'un homme au corps mutilé qui tend les bras en implorant du secours.

« Je voyais ce monsieur. Je le vois encore. Quand il est tombé, il a crié : « Aidez-moi ! Aidez-moi ! » et moi je ne pouvais rien faire pour lui. Il était proche de moi, à quelques mètres et moi je ne pouvais pas bouger, je ne sentais pas mes jambes, il allait mourir, parce que... »

Mon interlocuteur me regarde d'un air désespéré. Il ne peut manifestement pas prononcer les mots qui décrivent l'état du mourant, il souhaite que je comprenne, seule, ce que ses lèvres ne peuvent se résoudre à me dire.

« Il était... Vous voyez... »

Non, je ne vois pas... Il mime le mouvement d'une scie. Je m'aventure :

« Coupé ?

– Oui, confirme Omar, en deux. »

Je peine à imaginer la scène mais ne peut obtenir plus de détails d'un homme qui vient, tout en s'excusant, de s'allonger sur son lit d'hôpital pour reprendre ses esprits. Il respire de façon saccadée. L'angoisse est là, palpable, visible dans cette hyperventilation qui affecte à plusieurs reprises le vigile tout au long de son récit.

Après une ou deux minutes, il se rassied sur le bord du lit et reprend le cours de sa narration.

Il se revoit, en état de choc, incapable de bouger ses membres, découvrant du sang sur lui. Il ne le sait pas encore mais il ne s'agit pas du sien. C'est celui du terroriste, accompagné de morceaux de chairs, qui a copieusement aspergé toute la scène autour de lui lors de son attentat-suicide.

Omar est en train de perdre connaissance, une de ses oreilles siffle comme si le bruit de l'explosion venait mourir dans son oreille en un long murmure. Progressivement, il s'enfonce dans un chaos intérieur qui fait écho à celui régnant autour de lui. Avant de sombrer, le corps toujours raide, il frémit intérieurement face au cataclysme auquel il assiste, impuissant.

« Tout le monde paniquait, les gens et même les policiers regardaient vers le ciel, comme s'ils demandaient l'aide de Dieu. »

Au moment où on rassasie « le bon peuple » du divin jeu de football, à quelques pas de la tribune présidentielle dressée pour l'occasion, à l'heure où la société, qui croit pouvoir se prémunir de tout en ce début de XXIe siècle, s'ingénie à ne pas voir les furies de la violence la fractionner à vitesse croissante, la police, son bras armé, sans réels moyens, doit servir tout à la fois de bouclier et de glaive. Dans ses yeux tournés vers les cieux, qu'évoque Omar non sans une intention symbolique, se mêlent sans doute le besoin d'énergie et le constat du désespoir : celui d'être confronté à une sauvagerie galopante, mais aussi celui de revivre les terribles attentats de janvier, de présager les prémices d'une guerre civile, d'un 11-Septembre à la française. C'est le deuxième kamikaze qui vient de se faire exploser et on déplore déjà un mort. Manuel Dias, soixante-trois ans, un chauffeur d'origine portugaise qui conduisait un car de supporters et attendait la fin du match près de son véhicule, a été fauché lors de la première explosion. On peut imaginer que les policiers ont peut-être déjà été informés de la tuerie qui a eu lieu quelques minutes plus tôt, en plein

Paris, ciblant un bar et un restaurant, Le Carillon et Le Petit Cambodge. Les yeux vers le ciel, ce n'est pas une oraison, c'est peut-être simplement l'envie bien plus prosaïque de clamer : « Mais comment va-t-on s'en sortir ? »

François Hollande est exfiltré discrètement de l'enceinte du stade et se rend au ministère de l'Intérieur auprès de Bernard Cazeneuve et Manuel Valls pour une cellule de crise. Il a intimé l'ordre aux autres ministres de rester sur place jusqu'à la fin du match.

Omar perd un moment connaissance, des membres de la protection civile le transportent et l'installent en position latérale de sécurité à côté des restes du kamikaze. Une aberration contre laquelle un médecin s'insurge : « Le médecin m'a fait évacuer au McDonald's. Il était ouvert pour les gens blessés par le souffle. »

À l'intérieur du *fast-food*, quelques victimes sont déjà présentes et attendent les premiers secours. Un jeune homme retardataire, venu spécialement de Corse pour assister au match, reconnaît l'homme qui l'a éloigné du stade et le remercie. Sans lui, il aurait sans doute été à proximité du terroriste et ses blessures se seraient avérées bien plus sérieuses. Le vigile lui répond qu'il a simplement fait son travail. Les réflexes sécuritaires font partie de son métier.

« Les pompiers ont retiré mes vêtements pour être sûrs qu'il n'y avait pas d'impacts. Je n'étais pas blessé sur mon corps mais blessé dans ma tête. »

Omar est ensuite transporté à l'hôpital de Montreuil. Une nouvelle fois, il est ausculté. Il a eu de la chance, il s'en sort avec quelques égratignures. Son corps est presque intact, même s'il a été souillé par les déchets organiques du terroriste. Mais surtout, il regarde ce corps qui ne porte aucun des stigmates de l'horreur qu'il vient de vivre. Est-ce vraiment le sien ? Un corps ne doit-il pas former un tout ? Il lui apparaît à ce moment comme une simple enveloppe, trop lisse, trop belle pour être vraie, trop éloignée de la réalité qu'il vient de vivre. Omar se secoue. L'enveloppe est presque vide.

La déflagration ne semble avoir eu aucun effet physique et pourtant le jeune marocain a été épluché comme une orange. De lui, ne subsiste que l'écorce, il est virtuellement exsangue, dépouillé de la vie bienfaisante qu'on sent couler dans les veines, déchiqueté par l'explosion du kamikaze, des morceaux de lui-même invisibles et pourtant bien réels gisent, éparpillés en mille morceaux près de la porte G. Nous ne sommes pas faits que de chairs, de muscles et d'organes. Nous sommes formés aussi de tout ce qui contribue à les animer : les prouesses du cerveau bien sûr, le commandant en chef, mais aussi l'esprit, l'envie, la résistance, les souvenirs, les élans de l'âme et du cœur, souffles suprêmes dont on dit qu'ils sont voués à l'éternité.

« Quand je suis allée à l'hôpital pour le chercher avec mon mari, j'ai tout de suite vu que mon frère n'était plus le même, ce n'était pas le Omar que je connaissais », me confiera plus tard Mahjouba, sa sœur, qui s'occupe de lui depuis l'attentat.

« Il avait un regard étrange. Et puis surtout, il ne disait rien, il ne parlait pas non plus aux médecins. Il ne voulait pas répondre aux questions, il était dans son monde. »

La famille se rend ensuite à l'Hôtel-Dieu où se tient une cellule psychologique dévolue aux victimes des attentats. Omar est toujours dans un état second, plus spectateur de ce qu'il vit qu'acteur, il ne s'exprime pas plus devant les psychiatres que face à ses précédents intervenants. Il se fend de quelques mots décrivant brièvement ce qu'il a vu et écarquille les yeux dès qu'il évoque les appels à l'aide de l'homme mourant.

« J'avais l'impression que j'avais rêvé debout », tout lui semble irréel, il attend patiemment de se réveiller du cauchemar qu'il est en train de vivre. Inutile d'être un expert dans les sciences psychiatriques pour s'apercevoir que le jeune vigile est gravement traumatisé. C'est muni d'une ordonnance lui prescrivant des antidépresseurs et des anxiolytiques qu'il ressort du centre, avec le conseil de revenir par la suite s'il en ressentait le besoin.

Il retourne ensuite au domicile de sa sœur, chez laquelle il vit depuis son divorce. La jeune femme, mère de quatre enfants, qui habite avec son époux un appartement en banlieue s'est toujours occupée de son frère cadet, que ce dernier considère presque comme « une maman ».

Dans le calme de l'appartement familial, entouré de l'affection des siens, Omar demeure mutique. Il va se coucher comme un fantôme retournant à son sépulcre.

Sa première nuit est un calvaire. Les suivantes le seront tout autant.

C'est un homme hagard, ayant peu dormi mais beaucoup crié et cauchemardé qui se réveille le lendemain, dans une semi-torpeur. Il songe aux évènements de la veille, prend conscience qu'ils se sont bien produits et que ce ne sont pas des chimères venues le tourmenter pendant son piètre sommeil. Il se rend à l'Hôtel-Dieu pour une consultation puis revient chez lui.

Il n'a pas faim, il veut voir les journaux télévisés, regarde le spectacle d'une France qui a basculé dans l'horreur en cette nuit de vendredi 13. Le stade de France n'était que le coup d'envoi d'une série d'attentats venue endeuiller la capitale. Il avait appris la veille qu'une troisième explosion s'était produite au stade de France et que des kamikazes avaient sévi ailleurs mais il n'avait pas vraiment pris la mesure de l'ampleur des évènements. Galvanisé, il regarde et regarde encore les médias passer en boucle le récit des carnages, la traque des terroristes, les analyses d'experts qui ont tout prévu mais n'ont pourtant rien vu venir.

Ces journées et ces nuits se ressembleront désormais toutes.

Mahjouba assiste, impuissante, à la descente aux enfers de son frère. Elle constate que son caractère, comme son aspect physique, change.

Omar ne sort quasiment pas, si ce n'est pour se rendre à des rendez-vous avec le psychiatre auquel il ne dit rien, ou si peu. Il erre dans l'appartement, s'enferme dans le silence, regarde la télévision, toujours branchée sur les chaînes d'info et engloutit jusqu'à la nausée des documents, témoignages et nouvelles sur les attentats.

« Il restait scotché devant. Et si les enfants faisaient du bruit pendant qu'il écoutait, il se mettait à leur hurler dessus. Alors qu'il a toujours été gentil avec eux. Il pouvait être autoritaire mais jamais il ne criait. »

Mahjouba soupire et ferme les yeux.

« Et puis un jour, il s'est mis à crier sur mon mari, à l'insulter. Il regardait encore les nouvelles, toujours sur « ça » et il lui a ordonné violemment de se taire. Ça nous a tous glacé. Jamais il n'avait parlé comme ça, surtout à mon mari qu'il respecte beaucoup. »

L'époux confirme. Mais il n'a pas cherché à rétorquer pour ne pas envenimer les choses. Il a compris que son beau-frère était malade et que les soins psychologiques qui lui étaient prodigués n'étaient sans doute pas adaptés à son cas.

« J'étais fatigué, je faisais des *flash-back*, je me souvenais tout le temps de ce qui s'était passé au Stade de France au moment de l'explosion. J'avais envie de taper quelqu'un, j'avais envie de me faire du mal à moi, j'avais une violence, une rage... Je ne comprenais pas ce qui m'arrivait », avoue Omar sur un ton monocorde, le ton qu'il adopte tout au long de notre discussion, les yeux souvent dans le vide dès qu'il évoque un souvenir douloureux.

Cette violence était aussi dirigée contre lui, par des gestes nerveux, il ne cessait de se gratter les mains, les presser compulsivement l'une contre l'autre en s'emmêlant les doigts. Surtout, il se mordait la langue et les lèvres jusqu'au sang, serrait les dents comme s'il voulait se faire exploser les mâchoires. Et puis il y a ses voix qu'il entendait parfois et cet homme qui l'appelle à l'aide, les bras tendus.

« Lui, je le vois tout le temps, même quand je dors. Je le vois encore. Parfois, je discute avec lui, il est toujours là, ce monsieur qui est parti. »

En revanche, il n'évoque pas le kamikaze. Son cerveau semble avoir délibérément décidé de l'ignorer.

Chez Mahjouba, les nuits d'Omar se terminaient parfois aux urgences. Son corps se crispait, tétanisé, son cœur se mettait à battre à vive allure et il ne pouvait plus respirer que par à-coups : les crises d'angoisse le terrassaient à tel point qu'il appelait les pompiers qui, par égard pour le sommeil de Mahjouba et des enfants, finissaient par l'attendre à l'extérieur de l'appartement pour l'emmener à Bicêtre. De là, il était ensuite redirigé vers l'Hôtel-Dieu car c'était le lieu qui le prenait en charge pour ses troubles psychiatriques.

« Un médecin de l'hôpital Maison Blanche a conseillé l'hospitalisation à la clinique Bel Air spécialisée dans les psychoses et les troubles de la personnalité. J'y ai passé quatre semaines. Je ne pouvais pas parler à tout le monde. Je ne sais pas pourquoi je n'arrive pas à créer la confiance avec tout le monde. Quand on me posait des questions, je disais que je ne pouvais pas répondre ; le docteur Belkacem, que j'ai vu à Drancy et qui est psychiatre a décidé de me transférer à Percy. Il a dit qu'on ne pourrait pas me soigner dans un hôpital classique. »

Le docteur Belkacem ajuste le traitement de son patient et cible sa pathologie, il souffre d'inhibition psychomotrice. Il sait que la structure qui peut l'accueillir au mieux est un hôpital militaire. La pathologie d'Omar est proche de celle que connaissent les victimes de guerre.

Freud en avait décrit les symptômes quand il s'était penché sur des sujets ayant vécu la Grande Guerre. Ces derniers présentaient des troubles qu'il avait identifiés comme des traumatismes exprimés par une inhibition de la pensée et des fonctions psychomotrices. Ses disciples l'avaient nommée la « sidération », un terme passé dans le langage courant et volontiers plus compréhensible par le profane.

Omar est anéanti, il a subi un effondrement intérieur qui l'a immobilisé dans le temps et dans l'espace. Il se place à part, dans un monde aux contours flous qu'il appréhende avec autant de difficultés psychiques que physiques. Tout est un effort considérable pour lui tant l'angoisse le submerge. Pendant notre entrevue, nous avons fait de nombreuses pauses, au cours desquelles il fermait les yeux et tentait de contrôler sa respiration.

Il s'est absenté de lui-même bien qu'il lui arrive de se rendre à nouveau visite pour établir un état de ses lieux :

« Depuis, je ne suis pas bien dans ma tête, le monsieur vient parler avec moi, me demander de l'aide, je l'imagine et j'en rêve. Parfois, je sens qu'il y a une femme qui me suit, j'entends des voix, du chaos, les bruits du stade. »

Cette reviviscence l'emmure dans un cauchemar perpétuel, l'enchaîne à la porte G du stade où il a laissé cette partie qui ne demande qu'à réintégrer son corps.

« Les choses ont peu évolué depuis le 13, je ressens de la colère. Je ne sais pas pourquoi. Je n'arrive pas vraiment à identifier contre qui et contre quoi. Parfois quand je suis bien, j'ai le sentiment d'avoir une mission sur terre et de l'avoir accomplie, en épargnant les gens. »

Le vigile a conscience que sa présence d'esprit et son courage ont permis de sauver des vies, mais il évoque son geste avec le même ton monocorde et le même regard interrogateur.

« Qui suis-je au fond ? »

« Maintenant je ne suis plus le même homme. Le Omar d'avant était actif, il travaillait, riait, sortait. Là tout ce que je fais n'a pas de goût, la nourriture non plus. J'ai l'impression d'être un automate. »

Il estime n'avoir pas été correctement pris en charge psychologiquement. Les invitations à consulter « quand il en ressentait le besoin », le retard pris dans la décision de l'hospitaliser sont autant d'indications qui le laissent penser qu'on a sous-évalué sa souffrance et tenté de répondre à son mal-être par la chimie. Les molécules font des miracles. Comme jadis les électrochocs.

Progressivement, Omar va partir à la recherche de ces lambeaux de lui-même éparpillés par l'explosion. Ces mille morceaux invisibles qu'il assemblera patiemment et qui lui permettront d'habiter et d'animer à nouveau son corps, d'apprivoiser ses souvenirs douloureux pour qu'ils ne viennent plus meurtrir sauvagement sa chair et de retrouver Le souffle, ce *pneuma* qui donne la vie, sa vie.

XII

PREMIÈRE SALVE

Courir vite, courir plus vite encore, fuir. Oublier la douleur, allonger sa foulée, agiter ses bras, contrôler son souffle pour ne pas s'épuiser. Mais fuir. Elle est interminable cette ruelle.

Yasser se retourne, il a perdu de vue Sami qui le suivait. Mais il lui faut continuer de courir quand même, ne surtout pas s'arrêter. Avaler l'asphalte mètre par mètre et trouver un abri, s'il y en a encore un quelque part, tant le cauchemar semble s'étendre au fur et mesure qu'il tente de s'en échapper. Il entend les tirs en rafale qui ne s'arrêtent pas. Si l'enfer a un bruit, ça doit être celui-ci.

Il parvient enfin au bout de la ruelle. Là, il croise des gens qui traînent des corps, il aperçoit un petit flux de personnes débouler d'une porte, la plupart en pleurs, paniqués, hurlant, ne sachant plus ou poser le regard.

« J'entendais un mec qui venait en sens inverse, qui me disait : « Qu'est ce qui se passe ? » Je lui ai dit :

« Tire-toi, c'est un acte terroriste » et j'ai continué de courir, le plus loin possible. »

Un peu plus loin, quatre jeunes interpellent Yasser. Ils ont remarqué le sang qui coulait et ses vêtements déchirés.

« Qu'est-ce que t'as ?

– J'ai pris une balle dans la jambe. »

Yasser répond dans un souffle, il n'arrête pas sa course. Par mimétisme, le petit groupe, effrayé, le suit sans bien comprendre ce qui se passe. Eux aussi entendent la mitraille discontinue. Et ils courent pour s'éloigner le plus possible de ce crépitement sonore insupportable.

Enfin, des sirènes de police se font entendre. Il se met machinalement à ralentir. Ce son qui hurle dans la nuit lui paraît d'un coup bienveillant, c'est la promesse d'une issue possible à cette soirée, une porte ouverte sur un espoir : celui de la fin de l'épouvante.

« Ensuite, on est sortis sur une grande artère qu'on a prise sur la droite, je me suis assis par terre devant un restaurant, j'avais mal à la jambe, je vois deux trous, un orifice d'entrée et un de sortie. Je perdais pas mal de sang. Il y avait d'autres personnes qui avaient fui et qui se trouvaient déjà là. »

Une voiture s'arrête et plusieurs policiers en sortent, ils commencent à baliser la zone avec de larges bandes, comme s'ils emballaient un colis fragile, ils réquisitionnent un restaurant pour y installer les blessés et les personnes en état de choc. L'établissement juste à côté avait fermé quelques minutes avant, refusant d'accueillir le peu de monde qui se présentait déjà, par peur.

Enfin, Yasser peut souffler un moment, son rythme cardiaque commence à décélérer mais il a une intense douleur à la jambe. L'adrénaline redescend progressivement et son effet anesthésiant s'estompe avec. Il faut attendre les secours, essayer de joindre Sami, et se reconcentrer avec un peu plus de calme sur les évènements de la soirée. Ils lui semblent si lointains alors qu'il y a une heure, il était encore avec ses amis, heureux d'être à Paris et de profiter d'un café en terrasse, des plaisirs d'une grande banalité.

Yasser est ophtalmologue au Maroc, où il vient de monter son cabinet à Casablanca. Il connaît bien la France pour y avoir fait un an d'étude et aime y retourner. Il y conserve des amis et c'est un amoureux de la culture française. Ce soir du 13 novembre, il dîne chez Sami, qui l'héberge pendant son séjour parisien, en compagnie de Salah, un ami commun. Sami habite dans le XIe arrondissement, un quartier animé et plutôt branché, un de ces lieux un peu envahi par la « boboïsation » galopante mais qui conserve encore un charme un peu rétro.

Les trois hommes décident de sortir boire un café en terrasse pour clore le repas et profiter d'une douceur étonnante en ce mois de novembre. Ce sont quelques heures privilégiées entre deux temps, celui du travail et celui du repos. Pour la plupart des gens, la tête n'a pas encore évacué toutes les préoccupations de la semaine mais le corps est déjà disposé à se détendre et faire la fête, à entrer doucement dans le week-end, troquer sa nervosité contre de l'effervescence. Les amis se dirigent vers le Bataclan Café qui jouxte la célèbre salle de spectacle. Il y a peu de monde en terrasse, une quinzaine de personnes tout au plus, il est encore un peu tôt pour les noctambules.

Yasser regarde l'autocar immense qui est garé à quelques mètres d'eux. Un véhicule qui en impose, comme on en voit rarement de ce type.

« C'est quoi ce car ? demande-t-il au serveur

– Y'a un concert de rock ce soir au Bataclan, monsieur, c'est le car du groupe. »

Mais ce n'est pas le moment de parler mécanique. Les trois amis plaisantent, rient beaucoup, chacun raconte des blagues, de celles qui font toujours rire, même si on les connaît déjà. Salah prend son portable pour montrer des photos de son mariage qui a eu lieu quatre mois auparavant. Un petit moment d'émotion plane sur la table de ces vieux complices qui se connaissent depuis longtemps.

Justement, Yasser se souvient qu'il doit appeler son beau-frère qui habite Madrid. Sa femme et les parents de celle-ci y atterrissent ce soir même pour passer quelques jours – lui-même doit les rejoindre le lendemain – et il veut avoir des nouvelles. Ce fameux petit coup de fil pour savoir « s'ils sont bien arrivés ». Il sort son portable et téléphone au frère de son épouse. Personne ne répond, il décide de rappeler un peu plus tard et au moment où il range son portable dans sa poche, il entend une déflagration.

« C'était un coup de feu mais je ne l'ai pas perçu sur le moment. Mes vêtements se sont déchirés, c'était étonnant, incompréhensible. Ma veste a éclaté, le zip qui la fermait a sauté. Je sens l'odeur de la poudre, c'est une odeur très forte. Au départ, je pensais que quelqu'un m'avait jeté un pétard. »

Tout se passe très vite et pourtant, l'homme, même traumatisé, se souvient de chaque détail. Il regarde ses vêtements en charpie puis commence à lever la tête vers Salah qui se trouve face à lui.

« Salah s'est levé d'un coup et a poussé un cri aigue, un cri affreux que je n'oublierai jamais, un cri de mort, puis il est tombé par terre, raide. D'habitude, les gens qui tombent se contorsionnent, ils cherchent à se raccrocher quelque part mais là, non, il est tombé comme un morceau de bois, à l'avant, sur son visage. »

Une autre balle est pour Sami. Elle atteint son abdomen, il se plie en deux en portant les mains à son ventre.

La place de Salah, à présent vide, libère le champ de vision. Yasser relève un peu plus la tête et ce qu'il découvre le glace d'effroi.

« Là, je les ai vus, ils étaient trois ou quatre mecs. À visage découvert. »

Pas n'importe quels « mecs », ils sont armés de kalachnikovs. Deux d'entre eux s'éloignent un peu, si bien qu'ils apparaissent au jeune médecin comme des « silhouettes » fantomatiques. En revanche, son cerveau a enregistré l'image de celui qui leur a tiré dessus. C'est un jeune Maghrébin avec une petite barbe, il est vêtu de façon « normale », il porte un jean et une veste fermée de couleur kaki. Il se souvient de son petit sourire.

« J'ai vu sa photo trois semaines après au journal télévisé, il venait d'être identifié, c'est l'Alsacien de vingt-trois ans [Foued Mohamed-Aggad, le dernier des terroristes du Bataclan qu'on a identifié. Il était parti en Syrie en décembre 2013 avec un groupe d'une quinzaine de Strasbourgeois, tous âgés d'une vingtaine d'années]. Ce jour-là, j'ai appelé Sami et je lui ai dit : « Tu sais pourquoi je t'appelle. » Il m'a répondu : « Oui, tu l'as reconnu. Moi aussi. » Ils ont dit que les terroristes n'étaient pas drogués mais pour moi, ils l'étaient. Ils avaient un faciès de drogué, le regard vers le loin, les yeux tout petits. J'ai travaillé aux urgences, il y avait des toxicomanes et ils ont tous la même tête. »

« J'ai eu le réflexe de renverser la table du café, ce sont des petites tables rondes métalliques recouvertes d'aluminium, je l'ai retournée et je me suis caché derrière, j'ai tenu le manche de la table et j'ai caché ma tête et mon buste derrière le plateau. Mes jambes étaient à découvert. »

Sami vient se blottir à côté de son ami derrière leur bouclier de fortune.

« On a été visé les premiers car notre table était la première dans la ligne de mire, la table sur la droite était cachée dans un coin, ils devaient s'avancer pour la voir. »

Et c'est ce qu'ils font. Méthodiquement, ils visent le couple attablé qui n'a guère eu le temps de réagir, sous le coup de la surprise. Ils les abattent froidement. L'homme se redresse et pousse un cri identique à celui de Salah, très aigue, ultime manifestation de la vie qui jaillit du gosier comme pour avertir la mort qu'on quitte le monde. Il retombe aussi sec, aussi raide que l'a été la première victime, quelques instants plus tôt. La jeune femme tombe comme un pantin dont on a coupé les fils, la tête retenue par le plateau de la table. Ses cheveux s'étalent autour d'elle, couvrant son visage comme un linceul.

Yasser entend des rires. Les tireurs s'amusent comme des enfants, ils se réjouissent de leur jeu macabre et se promènent devant la terrasse comme dans un stand de tir lors d'une fête foraine. Ils ne manifestent aucun affolement.

« Ils étaient tranquilles, comme s'ils jouaient à la PlayStation. Un moment, j'ai compris que deux étaient partis vers la salle de concert, l'autre restait sur la terrasse. Celui qui nous avait déjà tiré dessus. Le terroriste a vu que j'étais caché derrière la table et il a tiré vers moi. Je sentais la table vibrer avec les tirs, les verres, les bouteilles qui pétaient. J'avais des morceaux de verre sur le visage. Il a visé ma jambe qui était visible. J'ai ressenti quelque chose mais l'adrénaline était à son summum, je n'ai pas senti de douleur vive. La balle a frôlé mon tibia. Si l'os avait été touché, je n'aurais pas pu courir. »

Yasser retient son souffle, tout son corps se rétracte. Il attend une autre balle, il est persuadé que l'assassin va contourner la table ou se pencher au-dessus pour les achever. Comment pourrait-il en être autrement ? Il entend les chaises tomber, les cris, le bruit anarchique des pas qui s'enfuient. C'est la deuxième moitié de la terrasse qui cherche à échapper au massacre. Yasser et Sami demeurent, le corps en tension, derrière leur abri. Finissons-en, il arrive un moment où l'attente est insupportable. Imaginez ce que peut ressentir un condamné à la peine capitale dans le couloir de la mort. Il redoute l'échéance tout autant qu'il souhaite son imminence pour mettre fin à cette veille mortuaire glaçante et infernale.

Rien.

Les deux hommes entendent le bruit des tirs s'éloigner.

« À ce moment-là, j'ai basculé la table, et Sami et moi, on s'est enfuis. J'ai couru. Je boitais. Je croyais que Sami me suivait, j'ai pris la première à droite, une petite rue déserte. Je crois que c'est par cette rue qu'ils sont arrivés. »

À ce moment précis, Yasser sait qu'il s'agit d'un attentat terroriste, il sait que ces hommes vont pénétrer dans la salle de spectacle et semer la mort, que cette fusillade en terrasse n'est qu'une mise en bouche avant le festin sanglant.

Dans le restaurant où il est à présent en sécurité, le médecin marocain fait l'inventaire de sa petite équipe. Il sait que Salah est mort. Bien sûr, il subsiste toujours un doute, une faible lueur d'espoir, mais son œil exercé a pu tout diagnostiquer. Son attitude, ce cri, et la trajectoire de la balle laissent présager que son ami est mort sur le coup et n'a pas souffert. Maigre consolation. Le projectile, qu'il a reçu de dos, a traversé son thorax au niveau gauche, donc vers le cœur.

Il faut à présent s'occuper de Sami. Yasser est inquiet pour cet ami de plus de dix ans. Leurs familles se connaissent et son épouse est également médecin. Fort heureusement, son portable n'a pas été cassé pendant le tumulte et il peut communiquer avec le monde extérieur. Après quelques sonneries, il entend avec soulagement la voix de son camarade. Au bout du fil, celui-ci lui apprend qu'il n'a pas pu le suivre, sa blessure à l'abdomen lui faisait trop mal, lui courbait le corps et le ralentissait. Il s'est dirigé tout droit, boulevard Voltaire où il a trouvé refuge dans un café.

« Je ne suis pas bien, les secours ne sont pas encore là, tu peux venir me voir ?

– Je vais faire mon possible, Sami, ne t'inquiète pas. »

Yasser, se lève et en claudicant cherche à atteindre la sortie. La police lui recommande d'aller se rasseoir mais lui apprend surtout que la zone est bouclée et que, de toute façon, il est dangereux de circuler dans le périmètre.

C'est dans toute la capitale qu'il est dangereux de sortir ce soir-là. Les terroristes ont frappé dans différents endroits à l'est de Paris, après avoir commencé par le stade de France, laissant derrière eux un bain de sang et de larmes. Ils frappent à l'aveugle, sans pitié, et nul n'est à l'abri. On ignore s'ils vont encore poursuivre leur raid sanglant, leur opération commando plus proche de la démence que de « l'art de la guerre », bien qu'il s'agisse bel et bien d'une guerre. Ils semblent surgir de partout et de nulle part, ces soldats de la peur et de la lâcheté, animés par une haine sans pareil. Ils sont Français ou Belges mais ces mots n'ont aucun sens pour eux. Ils sont d'un monde qui n'a pas de frontières, d'un État qui a placé, dans sa stratégie de conquête, la terreur à l'ordre du jour. Juges et bourreaux, voilà ce que sont ces jeunes d'une vingtaine d'années, combattants investis d'une mission divine.

Yasser se rassied.

« J'essaie de rappeler Sami mais c'est la serveuse qui me répond, elle me dit que mon ami est dans un sale état, qu'il ne pouvait pas parler, j'ai eu très peur pour lui, on avait en plus déjà perdu Salah. »

Dans le restaurant, les blessés, entre angoisse et abattement, attendent la venue des pompiers. Le jeune médecin jette un coup d'œil aux personnes qui sont rentrés en même temps que lui. Il prête une attention particulière à cette femme, complètement choquée, prostrée. Elle n'est pas blessée mais elle est couverte d'un sang qui n'est pas le sien. Au Bataclan, un homme a pris des balles et son corps, percé de toutes parts, est tombé sur elle. Il se vidait. Elle était coincée sous lui et a avalé son sang.

Yasser examine à présent son cas.

« Mes fringues étaient déchirés, le zip avait éclaté, j'avais un trou au niveau du pull, de la chemise et des sous-vêtements, une brulure juste en haut de l'abdomen due à une limaille de plomb qui s'est collée. Le plus grave, c'était la jambe. »

En observant sa veste, il comprend mieux la cause de la déchirure de ses vêtements. La première balle tirée par les terroristes sur la terrasse n'était pas celle qui avait tué Salah. La première balle, c'est lui qui l'avait reçue. Il avait simplement eu une chance incroyable. Et en regardant les deux orifices d'entrée et de sortie du projectile, il peut aisément recréer le scénario balistique.

« C'était un tir qui venait de profil qui a pénétré la fermeture éclair, traversé les vêtements et a ripé sur mon passeport. »

Yasser brandit le petit livret vert, déchiré, dont les feuillets apparaissent éclatés, ouverts comme une corolle.

« Il était dans la poche intérieure, au niveau du cœur, la balle a ricoché sur le coin du passeport, ça a soulevé les feuilles. J'avais une liasse de billets de trois-cents euros, elle a été déchirée aussi et une partie des billets a brulé. Je suis sûr que le passeport a atténué le choc. Il a fait dévier la trajectoire de la balle. Quand ils ont commencé à tirer, j'étais le premier visé car le plus proche d'eux. Je m'en suis aperçu au café, j'étais bouleversé, je ne savais pas si je devais ressentir de la joie, de la tristesse, j'étais perdu, je n'avais aucun sentiment. »

La peur a été l'émotion première, instinctive, celle qui a dominé, à tel point qu'elle a écrasé toutes les autres. Il est en vie, sa chance est presque insolente, il en a conscience, mais il jauge ses données avec une objectivité quasi scientifique, s'accrochant à son pouvoir d'analyse pour ne pas sombrer dans la confusion totale.

« J'ai montré ma jambe et mon passeport aux personnes dans le café, ils m'ont dit que j'étais un miraculé. »

Le « miraculé » arrive vers 22 h 30 à l'hôpital Saint-Antoine, parmi la première vague de victimes. En attendant d'être pris en charge, il tente d'appeler Sami dont le portable est à présent éteint. Yasser, qui tient soigneusement à éloigner sa famille de ce tumulte, se contente de cet unique coup de fil. Son téléphone sonne. Sami ? Il le tire de sa poche et regarde l'écran. C'est sa femme, Hasnaa, qui cherche à le joindre. Elle sait qu'il est dans le XIe et qu'il devait sortir avec ses amis ce soir-là. Elle a dû regarder les informations et sans doute s'inquiéter. Il ne répond pas. Perplexe, il réfléchit à ce qu'il va pouvoir lui raconter pour ne pas qu'elle s'inquiète. Il faut élaborer une histoire, et vite, puis s'improviser bon comédien afin d'apporter le plus de crédibilité à son récit.

Au deuxième appel, Yasser répond.

« Yasser, ça va ? On a vu qu'il y avait des attentats, tu es où ?

– Moi ça va je suis à la maison, je regarde les infos. »

Affichant une apparente sérénité, il parvient à tenir une conversation cohérente au sein de laquelle les commentaires sur les attentats prennent une large place.

Le jeune médecin se félicite de ses dons d'acteur et à l'instant où il songe à une reconversion, son épouse le rappelle.

« C'est quoi ces bruits que j'entends derrière toi ? Tu m'as dit que tu étais à la maison !

– Non, c'est rien, c'est Sami qui organise une soirée, c'est des copains qui parlent très fort. »

Rassemblant ses forces, l'époux rassure Hasnaa en lui décrivant le décor d'une fête imaginaire.

Il lui faut également trouver une excuse pour justifier son absence, le lendemain, à Madrid. Evoquer les vols annulés pour raison de sécurité est une trouvaille de génie et, de surcroît, on ne peut plus proche de la réalité. Il raccroche après avoir assuré à sa femme qu'il la retrouverait en Espagne lundi.

C'est parfait, ça lui laissera le temps du week-end pour voir comment les choses évoluent et lui parler tranquillement.

Pendant que Yasser s'empêtre dans ses pieux mensonges, un nombre croissant de victimes arrivent aux urgences. Les ambulances et voitures de pompiers charrient leurs lots de blessés par vagues successives et les déchargent, avant de repartir, pour qu'ils soient triés : « malades graves », « malades pas graves ».

En temps normal, l'équipe médicale est en effectif réduit la nuit, mais le plan blanc a été déclenché et la plupart du personnel est là. Certains sont venus spontanément comme ces stagiaires infirmiers de première année qui se sont précipités sur leur lieu de stage dès qu'ils ont appris la nouvelle. C'est une véritable épreuve du feu pour ces jeunes étudiants qui entament leur début de formation dans les conditions les plus dures qu'il soit.

À 1 heure du matin, la police judiciaire recueille les témoignages et vient à la rencontre de Yasser, qu'on a installé entre temps dans une chambre, pour l'interroger. Il leur raconte tout : la tuerie, le jeune homme souriant à la barbe brune qui pointait sur lui la kalachnikov, les rires de leurs assaillants et leur absence de revendication.

Le lendemain, avant d'entrer au bloc opératoire, le médecin, devenu patient, reçoit de nombreux appels des familles et des amis de Salah et Sami qui n'ont aucune nouvelle et s'inquiètent. Ils savent que Yasser était avec eux la veille, il est leur seul lien avec les disparus, leur unique espoir d'en savoir plus. Ils ont cherché dans les hôpitaux, ont appelé vainement le numéro de secours mais n'ont pu obtenir aucune réponse. Endolori, angoissé lui-même, il rassure les proches de Sami, autant pour les apaiser que pour se réconforter lui-même. Une blessure à l'abdomen sans intervention rapide engage le pronostic vital. Quant à Salah, il se fait peu d'illusion sur son sort mais ne peut se résoudre à partager ses inquiétudes avec ses correspondants.

Vers midi, Yasser entre au bloc. L'anesthésie, qui n'est que locale, lui permet de discuter avec le confrère qui l'opère. Ce dernier ne lui cache pas qu'il a beaucoup de chance : « Tu as trouvé ton bonheur dans ton malheur ! » Le tibia a juste été effleuré, et le nerf soufflé, mais pas perdu. Si tel avait été le cas, il aurait perdu l'usage de sa jambe gauche. Par la suite, il montrera au praticien la veste et le passeport, les reliques de cette soirée satanique.

À 16 h 00, il réintègre sa chambre et constate qu'il a vingt appels en absence de son épouse. Il n'a pas le choix, il doit lui dire la vérité.

La première réaction d'Hasnaa, au moment de décrocher, est de se comporter en femme bafouée. Le drame se transforme en vaudeville lors des premiers échanges :

« Mais ça va pas ! Tu me laisses tomber !

– Hasnaa...

– Tu fais la belle vie à Paris pendant que je suis seule à Madrid !

– Écoute Hasna, ce n'est pas ce que tu crois... »

Il lui explique. Au bout du téléphone, la colère se transforme en tristesse et en inquiétude. Mais Yasser rassure son épouse, il se prend en photo, souriant, pour lui montrer qu'il va bien. La décision est prise, elle va venir le rejoindre le plus vite possible.

Ses beaux-parents, sa femme et sa fille de quatre ans et demi arrivent le lundi et sont logés par l'ambassade du Maroc dans un hôtel à proximité de l'hôpital. Il les rejoindra à la fin de son hospitalisation et restera avec eux, le temps des soins à Saint-Antoine.

La réaction de sa fille étonne et émeut le jeune père de famille. Chama a écouté les conversations des adultes, les a assimilées et, en bonne fille de médecins, puisque Hasnaa l'est également, au moment de revoir son père, elle l'examine de loin puis s'approche de lui et le palpe de part en part avant de poser son diagnostic : « Papa, y'a des voyous qui t'ont tiré dessus, une balle qui a déchiré ta veste et une qui a traversé ta jambe. Tu sais, je suis très très très contente que tu sois en vie. »

Entre temps, l'enquête pour retrouver Sami se poursuit. Désormais plus vaillant, Yasser entreprend des recherches, appelle un copain médecin et lui décrit son ami franco-tunisien en lui demandant de faire le tour des hôpitaux pour retrouver sa trace. Avec l'entregent d'un confrère, les choses lui semblent plus aisées. Le lendemain, il lui apprend qu'à l'hôpital militaire de Percy, un homme répondant à sa description a été admis. Il semblerait qu'il s'agisse de lui. Et c'est effectivement le cas. Les secouristes lui avaient demandé son nom mais, en proie à un profond malaise, le blessé était peu audible et son nom a mal été retranscrit. Sans plus d'informations, il était impossible de joindre quiconque d'autant plus que Sami avait été plongé dans un coma artificiel après avoir subi deux interventions, au cours desquelles on lui a réséqué un mètre d'intestin grêle et un bout d'estomac avant d'extirper la balle qui était venue se loger dans un organe après avoir tourbillonné dans son ventre. Depuis, il va mieux et ses soins se poursuivent.

Ses papiers d'identité étaient dans ses affaires, trouvées et ramenées dans un commissariat de police. Les secours avaient dû le déshabiller puis emballer et oublier ses vêtements.

« J'ai su après que Salah était effectivement décédé. L'ambassade d'Égypte l'a retrouvé. C'était dur. On ne choisit pas vraiment sa place dans un café, si c'est moi qui m'étais assis là où il était, j'aurais pris la même balle. Je pensais à ma famille, je ne pouvais pas les imaginer sans moi. Les psys nous disent qu'il ne faut pas se poser de questions : pourquoi ne pas avoir été à la place de Salah ? Pourquoi le passeport ? Il y a aussi le coup de fil à mon beau-frère. S'il avait répondu, je me serais levé pour discuter et je serais tombé face aux terrorises. Ils m'auraient abattu, c'est sûr. Mais c'est ta chance, il faut la saisir, tout ce que tu vis là, c'est du bonus. Il y a une différence entre le Yasser du 13 et celui d'avant. J'essaie d'avancer avec ses idées en tête, le cri de mort que je ne peux pas oublier, et les cadavres partout. Pourtant, je suis médecin, j'ai fait mes stages en réanimation, on côtoyait la mort, le sang, des gens qu'on essayait de réanimer et c'est triste quand on n'y arrive pas. Mais là, c'est comme si on était parachuté dans une scène de guerre, des tirs partout, des cris, du sang, des morts. Depuis, je prends des somnifères, des antidépresseurs. Vers 2 ou 3 h 00 du matin, quand tout ça me rattrape, je ne peux plus dormir. »

Les psychiatres l'ont prévenu : de toute façon, il n'oubliera jamais. Il vivra avec.

« Après, quand j'ai vu qu'il y avait une vague d'attentats, j'avais la haine contre les services de renseignements. Comment dans un pays tel que la France, un attentat peut se dérouler comme ça ? Entre le premier acte terroriste et le Bataclan, il s'est passé plus d'une demi-heure et il n'y a eu aucune sirène, aucun avertissement. Les mecs sont fichés et ils font ce qu'ils veulent. Franchement, je me sens plus en sécurité au Maroc qu'en France ! C'est aussi une responsabilité de l'Europe. Les renseignements de la Belgique restent en Belgique, ceux de la France restent en France, et on ne parle d'Europe que pour l'euro. J'ai senti nécessaire de me constituer partie civile pour avoir accès au dossier, suivre l'enquête en cours, avoir des réponses à mes questions. Je ne parle pas d'indemnités ou de choses comme ça, mais pourquoi ce déchaînement contre nous ? »

Cette question taraude ce musulman pratiquant qui s'interroge sur les causes de la radicalisation et l'endoctrinement de ces jeunes qui sont « des enfants de la République », élevés dans des écoles françaises et dont certains ne connaissent même pas le pays d'origine de leurs parents et grands-parents. Dès lors, il s'interroge sur le rôle de la France dans cette dérive. Pourquoi en sont-ils arrivés là ?

« La France a un rôle à jouer, il faut du travail, de l'éducation. Peut-être qu'ils sentent qu'ils sont mis de côté. Ce ne sont pas des excuses mais un début d'explication. Ce sont de petits délinquants, des esprits faibles, sans éducation, qui sont influençables. »

Atteint dans sa foi, Yasser pose la question ultime :

« Pourquoi tu utilises ma religion pour tuer des gens ? Tous ces gens qui sont morts, blessés, mais au nom de quoi ? Au nom de l'islam ? L'islam ne dit pas ça, j'ai fait mes études dans une école marocaine, j'avais une matière qui s'appelait « éducation islamique »[1], jamais on n'a parlé d'aller tuer des gens ! Non, on nous a enseigné l'entraide, la paix. Ils leur font des lavages de cerveaux à ces jeunes, ils leur promettent soixante-douze vierges, mais c'est quoi, ça[2] ? Ils ne savent pas que dans notre religion, si quelqu'un

1 L'enseignement de l'Éducation islamique est obligatoire dans les établissements publics et privés marocains, du primaire jusqu'au baccalauréat, excluant de facto le principe de liberté de culte à l'école. Lors du Conseil des ministres qu'il a présidé le 6 février 2016, le roi Mohammed VI a ordonné une révision des manuels de l'Éducation islamique pour y promouvoir « davantage de valeurs de tolérance », reconnaissant implicitement leur responsabilité dans la promotion du radicalisme. Au primaire, pas moins de six matières religieuses sont enseignées aux enfants à partir de l'âge de 7 ans : Coran, foi, rituels, morale, hadith et Sîra (chronique du prophète). Au secondaire, dans le manuel *Fî Rihâbi al-Tarbiyati al-islâmiyyati* enseigné en deuxième année du lycée, un chapitre entier est consacré à la législation pénale en islam. Le manuel légitime la loi du Talion et explique qu'ôter la vie ou infliger des sévices ou mutilations corporelles sont « un droit » pour qui a subi le préjudice du sang. Plus largement, les notions de djihad, de martyr, d'hostilité aux non musulmans, de supériorité des hommes aux femmes, de rejet des normes de la société moderne comme la musique ou le système bancaire, sont des notions amplement consacrées par l'Education islamique au Maroc et ailleurs.

2 Dans le Coran, première source de jurisprudence en islam, pas moins de 5 sourates parlent des vierges promises au paradis.

- Verset 25 de la sourate 2 Al-Baqarah (la génisse) : « *Annonce à ceux qui croient et pratiquent de bonnes œuvres qu'ils auront pour demeures des jardins sous lesquels coulent les ruisseaux; chaque fois qu'ils seront gratifiés d'un fruit des jardins ils diront: « C'est bien là ce qui nous avait été servi auparavant ». Or c'est quelque chose de semblable (seulement dans la forme); ils auront là des épouses pures, et là ils demeureront éternellement.* »
- Versets 51 à 55 de la sourate 44 Ad-Dukhân (la fumée) : « *Les pieux seront dans une demeure sûre, parmi des jardins et des sources. Ils porteront des vêtements de satin et de brocart et seront placés face à face. C'est ainsi! Et Nous leur donnerons pour épouses des houris aux grands yeux. Ils y demanderont en toute quiétude toutes sortes de fruits.* »
- Versets 53 à 60 de la sourate 55 Ar-Rahmân (le Miséricordieux) : « *Lequel donc des bienfaits de votre Seigneur nierez-vous ? Ils seront accoudés sur des tapis doublés de brocart, et les fruits des deux jardins seront à leur portée (pour être cueillis). Lequel donc des bienfaits de votre Seigneur nierez-vous ? Ils y trouveront [les houris] aux regards chastes, qu'avant eux aucun homme ou djinn n'aura déflorées. Lequel donc des bienfaits de votre Seigneur nierez-vous ? Elles seront [aussi belles] que le rubis et le corail. Lequel donc des bienfaits de votre Seigneur nierez-vous ? Y a-t-il d'autre récompense pour le bien, que le bien ?* »
- Versets 34 à 40 de la sourate 56 Al-Waqi'a (l'Evènement) : « *sur des lits surélevés, c'est Nous qui les avons créées à la perfection, et Nous les avons faites vierges, gracieuses, toutes de même âge, pour les gens de la droite, une multitude d'élus parmi les premières [générations],* *(page suivante)* >

se suicide, il va en enfer[1]. On ne peut pas tuer des gens au nom de l'islam. »

Il craint les amalgames, un mot à la mode ces derniers temps, peut-être trop, mais qui, aux yeux de ce médecin marocain est une peur réelle. Celle de voir la France se diviser et s'enfoncer dans la haine. Le rêve de tout islamiste.

et une multitude d'élus parmi les dernières [générations]. » La sourate fait également référence à la présence de jeunes éphèbes au paradis, en plus des houris, dans les versets 15 jusqu'à 24 : « *sur des lits ornés [d'or et de pierreries], s'y accoudant et se faisant face. Parmi eux circuleront des garçons éternellement jeunes, avec des coupes, des aiguières et un verre [rempli] d'une liqueur de source qui ne leur provoquera ni maux de tête ni étourdissement; et des fruits de leur choix, et toute chair d'oiseau qu'ils désireront. Et ils auront des houris aux yeux, grands et beaux, pareilles à des perles en coquille, en récompense pour ce qu'ils faisaient.* »

- Versets 55 à 57 de la sourate 35 Yâ-Sîn (les deux lettres Y et S constituent le titre de cette sourate) : « *Les gens du Paradis seront, ce jour-là, dans une occupation qui les remplit de bonheur; eux et leurs épouses sont sous des ombrages, accoudés sur les divans. Là ils auront des fruits et ils auront ce qu'ils réclameront.* » D'après le Tafsîr (livre d'exégèse) d'Abdallah Ibn Mas'ûd, compagnon de Mahomet, cette « occupation qui les remplit de bonheur » est celle de « déflorer les vierges ».

Le nombre de vierges promises au paradis, bien que non spécifié dans le Coran, est évoqué à maintes reprises dans les Hadiths (propos du prophète), qui constituent le corpus de la Sunna et sont ainsi la deuxième source de jurisprudence en islam. Chaque musulman aura au minimum deux vierges au paradis, et les martyrs, eux, en auront 70, 72 ou 77 selon les versions.

1 Plusieurs hadiths de Mahomet interdisent le suicide. Le plus connu est transmis par Abu Hurayra et rapporté dans les deux Sahîh (livres de hadiths vérifiés) des imams Bukhâri et Muslim : « *Celui qui se jette d'une montagne et se tue brûlera éternellement dans les flammes de la géhenne. Celui qui avale un poison et se tue l'avalera dans les flammes de la géhenne, et celui qui se tue avec une barre de métal l'emportera avec lui et la verra transplantée dans son ventre à l'éternité dans les flammes de la géhenne.* » Toutefois, dans le consensus des Ouléma, troisième source de jurisprudence en islam, les quatre écoles de théologie sunnite font la distinction entre les différents types de suicide. Pour l'école malékite, principale obédience en Afrique du Nord et de l'Ouest, et également en France, il n'est pas considéré comme un suicide le fait qu'un seul homme musulman s'attaque à un grand nombre d'infidèles en sachant pertinemment qu'il va mourir. Pour l'ensemble des Ouléma sunnites, la mort, même délibérée, pour la gloire de l'islam, est récompensée du paradis, comme le stipule un hadith transmis par l'imama As-Shafi'î : « *Alors que l'Envoyé d'Allah évoquait le paradis, un homme lui demanda : et si j'étais tué pour la voie d'Allah, où serais-je ? Au paradis, répondit le prophète. L'homme jeta alors les dattes qu'il avait en main et se battit jusqu'à la mort.* » Certains muftis contemporains ont explicitement autorisé les attentats suicide, arguant qu'il s'agit-là d'un nouveau moyen de faire la guerre aux infidèles, puisqu'elle ne se déroule plus sur des champs de bataille comme du temps du prophète.

Cette France, il l'a toujours aimée mais il l'aime avec passion depuis les attentats. L'expérience d'un même drame, la confrontation avec un ennemi commun unit dans le chagrin et le combat.

« Jamais je n'aurais cru pouvoir pleurer pendant la Marseillaise. »

Et pourtant... La cérémonie des hommages aux Invalides, Yasser, bien que convalescent, ne l'aurait manquée pour rien au monde.

« Il fallait partager cette souffrance. »

Il se souvient avec émotion de ce couple de Français, qui partageait le même hôtel qu'eux, près de l'hôpital. Ils avaient perdu leur fille et leur gendre lors de l'attentat du Bataclan. Quand la mère a appris que Yasser était aussi une victime, elle a éprouvé le besoin de l'étreindre, pour retrouver à son contact un peu de sa fille disparue. Une communion de chair dans le malheur. Ils ont beaucoup parlé et se sont consolés mutuellement.

« Elle est montée directement au Paradis, soyez-en sûre. Elle est heureuse là où elle est. »

Depuis ils ont gardé contact. La maison de Casablanca leur est grande ouverte.

« Grâce à maître Maktouf, mon avocate, ma fille a pu intégrer l'école française au Maroc. J'ai maintenant une proximité plus grande que jamais avec la France. Pour moi, c'est important que ma fille vive au Maroc et qu'elle reçoive une éducation française dans une école française, ça va l'enrichir. »

Ce 13 novembre, les trois amis occupaient la première table du Bataclan Café. Ils ont eu droit à la première balle du carnage qui a suivi.

« Peut-être qu'il m'a visé pour s'entraîner, suggère Yasser, peut-être qu'il n'était pas bien rodé, il était à trois ou quatre mètres. À un centimètre près, la balle rentrait dans mon cœur. Ce soir-là, j'ai vu le Diable. »

XIII

LES GARDIENS

Tapies derrière la voiture, les trois silhouettes, accroupies et haletantes reprennent leur souffle. La nuit les habille d'un voile protecteur. Il y a un instant, ils étaient debout, transformés en statuettes de pierre aux cœurs battants, leurs yeux, agrandis par l'effroi, fixaient sans comprendre la scène qui se déroulait devant eux. À présent, leurs corps débarrassés de la gangue qui les pétrifiait ne cherchent qu'à agir, bondir hors de la cachette, qui leur a servi quelques secondes plus tôt pour se protéger en se mettant à couvert derrière le véhicule. Mais comment ?

Impuissance. Ce sentiment les torture tandis que leurs corps se crispent nerveusement. Ils n'ont pas signé pour ça. Ils ont signé pour servir, agir, protéger, aider, rétablir l'équilibre quand la loi du plus fort domine. Ils n'ont pas signé pour rester là pendant que leurs concitoyens se font tuer, à quelques mètres. Ils ont signé pour être des gardiens de la paix.

Environ un quart d'heure plus tôt, en ce vendredi 13 novembre, ces policiers affectés au commissariat du IIIe arrondissement de Paris étaient en intervention pour un banal accident de la circulation sans gravité, appelés en renfort hors de leur secteur sur un arrondissement limitrophe[1]. Ils circulaient sur le boulevard des Filles du Calvaire dans le XIe arrondissement, un peu après 21 h 50, quand ils ont vu un homme se précipiter vers eux. Affolé, il leur explique qu'il est vigile au Bataclan, et qu'une fusillade vient d'éclater à l'intérieur, qu'il a pu fuir de l'endroit en s'échappant par une petite porte, donnant sur un passage perpendiculaire au boulevard. La salle a beau être mythique, les jeunes flics ne la situent pas pour autant et mettent à contribution leur GPS. Après quelques manœuvres, ils se garent juste devant le Bataclan et ils sortent du véhicule. Les coups de feu ne trompent pas, il s'agit des tirs d'armes automatiques. Les portes du théâtre sont encore ouvertes, les lourds battants vont se refermer lentement mais déjà, les trois jeunes gens ont vu quel spectacle se jouait juste derrière. Celui d'un jeu de quille où les victimes tombent les unes après les autres. L'un des policiers met la main sur l'étui de son arme de service. La situation est vite jaugée : d'un côté des décharges en rafale émanant manifestement de plusieurs tireurs, de l'autre, un gardien de la paix muni d'un léger et discret gilet pare-balles sous son pull et d'un dérisoire 9 millimètres dont la puissance de feu ne peut que faire hurler de rire une kalachnikov.

1 Le 3e et le 11e arrondissement se jouxtent.

Les lourdes portes du Bataclan se sont maintenant refermées sur la sinistre scène. Pamela, Lucie et Clément bondissent hors de leur cachette pour se précipiter vers les personnes présentes juste devant la salle. Pour la majorité, il est déjà trop tard, quelques-uns sont sur leur séant, le menton avachi sur la naissance du buste mais la plupart gisent à terre comme des poupées de chiffons ensanglantées. Quant aux autres, ils agonisent. Plus ou moins lentement, laissant pour certains échapper des râles de leur gosier qui signent le dernier souffle de vie pour la majorité d'entre-eux. Ils sont bientôt rejoints par quatre autres collègues du même commissariat, qui ont entendu leur appel radio. Trois policiers en VTT, Emilie, Guillaume et Baptiste et un autre gardien de la paix, Raphaël, en patrouille ce soir-là.

« 1, 2, 3, 4, 5, Mais tiens bon, je t'en prie, 8,9. » Les mains croisées sur une poitrine baignée de sang, le poids de tout leur corps exercé sur chaque pression, ils pratiquent des massages cardiaques pour que l'organe vital reparte. Mais le pouls ne reprend pas, la vie cesse de palpiter dans ce corps inerte. La plupart des massages cardiaques et des garrots posés, en dépit des efforts déployés par les jeunes policiers, n'empêcheront pas les victimes de mourir les unes après les autres. Elles étaient les premières exposées au tir, leurs blessures sont trop nombreuses et leurs plaies sont béantes. Les sauver eut tenu du miracle. Les jeunes policiers sont consternés, ils se regardent les uns les autres, se soutiennent d'un geste ou d'une mimique rassurante, mais n'ont guère le temps de s'endeuiller. Les vivants sont là aussi et se pressent autour de leurs uniformes. Les premières vagues de spectateurs des Eagles of Death Metal, qui jouaient ce soir-là, ont pu fuir par les sorties de secours. Consternés, ils ont perdu leurs proches dans la cohue, cherchent à les retrouver et surtout, demandent aux jeunes gens de rentrer dans la salle pour se mettre à leur recherche.

« Ma mère était avec moi, je n'ai pas pu fuir avec elle, faites quelque chose, je vous en supplie. »

« Mon frère est dans la salle, il faut que vous alliez le chercher, vous êtes policiers, non ? »

Impuissants. Malheureusement les sept gardiens de la paix ne peuvent pas grand-chose. Cette impuissance les broie encore plus. Leur intervention serait vaine face à des hommes armés de kalachnikovs embrassant de leur tir en rafale un vaste périmètre. Ils voudraient rentrer, tout remettre en ordre mais ils savent que c'est impossible. Ils attendent les renforts. L'attente est insoutenable. Ils n'ont pas signé pour ça. Le *staccato* des armes, assourdissants, en plus de laisser présager l'horreur, vient, à chaque coup, leur enfoncer un peu plus la lame de la culpabilité dans le cœur. Tous sont de jeunes flics qui croient en leur mission. Pamela, Guillaume, Emilie et Baptiste ont quelques années d'ancienneté mais Clément et Raphaël sont gardiens depuis un an. Quant à Lucie, c'est son baptême du feu, un bizutage sordide : elle a intégré ses fonctions il y a seulement trois mois.

À l'heure où les jeunes gardiens sont hélés par le vigile, sur le boulevard, le commissaire Dimitri Kalinine dîne en famille. Il y a peu de temps qu'il est rentré du commissariat du IIIe qu'il dirige et n'a qu'une seule envie, profiter d'une soirée tranquille avec les siens. Son mobile sonne. Un commissaire n'éteint jamais son téléphone, le jour comme la nuit. L'appel radio des gardiens de la paix a été entendu et aussitôt répercuté auprès de Dimitri :

« Il y a une fusillade en cours au Bataclan, on n'en sait pas beaucoup plus, et il y a des gens du IIIe sur place. »

« Ok, venez me chercher. »

En attendant que des collègues viennent le prendre en voiture, Dimitri allume la télévision pour voir si les médias en parlent. L'information est très confuse, on évoque des coups de feu sur Paris. Un œil rapide sur Twitter le renseigne à peine plus. Les informations semblent débouler de partout, incomplètes, peu claires, faites de spéculations et de correctifs successifs.

« Les gars viennent me chercher rapidement. Je récupère mon adjoint, commissaire de police et on se met en route. Sur le trajet on était à l'écoute de la radio, on a compris qu'il s'agissait de quelque chose d'une autre dimension qu'une « simple » fusillade mais on ne parlait pas encore de terrorisme à ce moment-là. »

Ils arrivent rapidement au commissariat du IIIe où ils s'équipent à toute vitesse : tenue de service, accompagnée de son indispensable gilet pare-balles, chacun prend son arme de service prête à l'emploi. La Brigade, composée de deux hommes de l'unité administrative, réquisitionnés pour la cause, du commissaire Kalinine et de son adjoint, fonce vers le lieu du drame, en passant par la place de la République où ils constatent que de nombreuses forces de police sont positionnées. La République qui ne sait pas encore que c'est à elle que l'on en veut particulièrement ce soir-là est déjà bien gardée.

« On arrive par le même itinéraire que mes hommes, une quarantaine de minutes plus tôt. On stationne la voiture au niveau du métro « Filles du calvaire » car on ne peut pas aller plus loin. Il y a un barrage de police, ils sont pieds à terre, armes à la main, tous viennent de différents arrondissements, tous les services sont confondus. Je suis hélé par un des policiers qui est accompagné d'un otage. Il n'est pas blessé mais il est couvert de sang et on voit sur son pull des débris de cervelle et des lambeaux de chair. Il s'est enfuit du Bataclan et errait, complètement choqué. Les policiers me disent que les pompiers sont stationnés au début de la rue Oberkampf. Je prends la victime avec moi, et avec mon adjoint, on remonte la rue et on tombe sur deux ou trois camions de pompiers stationnés, qui rendent la circulation impossible. »

Les deux commissaires leur remettent l'homme en état de choc et empruntent une rue Oberkampf fortement encombrée en raison de son exiguïté. Son ancienneté en est la cause, elle a échappé au tracé haussmannien et suit les courbes de l'ancien chemin rural qu'elle était avant d'être progressivement urbanisé.

Pour l'heure, elle gêne la fluidité du passage et la facilité de mouvements aux abords du lieu de la fusillade. En revanche, son passé révèlera plus tard des atouts. Quartier d'artisan aux siècles derniers, elle secrète des cours intérieures et des dessertes qui s'avèreront bien utiles quand il faudra par la suite, trouver des lieux d'abris pour prendre soin des blessés.

L'adjoint de Dimitri s'attarde sur un point qui lui paraît essentiel : la circulation. Des voitures de pompiers continuent d'arriver mais ne peuvent se mouvoir aisément, les véhicules de renfort ou de secours ne peuvent plus accéder dans la vieille rue Oberkampf obstruée. Son passé de CRS, rompu à la gestion de la voie publique, lui fait immédiatement entrevoir les difficultés futures et il décide de se concentrer sur cet aspect essentiel de l'organisation du site.

« On se répartit instinctivement les rôles. Moi je reste avec les policiers de services. »

À ce moment-là, il est un peu plus de 22 h 30 et on commence déjà à parler de terrorisme. Des kamikazes se sont fait exploser aux abords du Stade de France et des bars et restaurants ont été pris pour cible dans les Xe et les XIe arrondissements. La préfecture de police a recommandé aux parisiens de rester chez eux. Une consigne qui sera globalement respectée tant le choc est grand et la terreur présente. Une vague d'attentats a commencé de déferler sur Paris et il est impossible de savoir quand ni où elle s'arrêtera. Nul n'est à l'abri. Au coin d'une rue, sur une terrasse, à sa fenêtre, les balles peuvent venir vous atteindre partout, le terrorisme semble se propager dans la capitale comme la peste. La nuit paraît interminable.

« Les premières personnes que je rencontre sont les autorités de police, il y a déjà sur place le directeur de la DSPAP, c'est-à-dire la police d'agglomération parisienne donc Paris et les trois départements de petite couronne - 92, 93, 94 -, le directeur territorial de la police de Paris, le procureur de la République, François Molins ainsi que la maire de Paris, Anne Hidalgo et son directeur de cabinet. »

« Je retrouve mes gars, qui, je le vois, n'ont pas la « tête de tous les jours », ils sont choqués, très secoués, mais aucun d'entre eux n'est blessé. Je constate qu'ils ont déjà commencé de secourir des victimes juste devant le Bataclan et qu'ils continuent de s'activer. Une des gardiens de la paix du service a déchiré sa veste pour faire des garrots. Comment y-est-elle parvenue ? L'énergie que donne l'envie de se battre sans doute. »

La salle du Bataclan a rouvert ses portes. Vers 22 h 00, un commissaire de la BAC et un brigadier en patrouille avaient entendu l'appel radio au sujet de la fusillade et s'étaient rendus sur les lieux. À ce moment, la mitraille avait cessé mais les terroristes s'amusaient avec les otages. Achever rapidement toutes ces petites frappes occidentales décadentes se trémoussant de façon ridicule sur une musique américaine eût été trop clément. Il fallait faire durer le plaisir, s'en délecter, jouir de ce moment où l'ennemi est à terre et tremble tellement de peur qu'il n'ose même pas supplier. Au moindre mouvement, une sanction s'imposait. Si un otage bougeait :

deux coups de feu étaient tirés, quand un portable sonnait : même punition, deux coups de feu. Les malheureux essayaient d'éteindre leur portable pour ne pas devenir des cibles, tentaient de maîtriser chaque muscle, chaque nerf pour ne pas bouger, se faire oublier, coincés entre deux cadavres avec le sang qui les enveloppait progressivement dans un silence de mort, juste déchiré par les deux saillies d'un jeu sadique. De quoi débuter un bon nettoyage de cerveau.

Le policier de la BAC et son collègue ont pénétré arme au poing sans savoir où se trouvaient les terroristes ni combien ils étaient. Lorsqu'ils ont repéré l'un deux, Samy Aminour, et lui ont tiré dessus. Touché, le kamikaze a actionné alors sa ceinture explosive, laissant son corps éclater en plusieurs morceaux gisant sur la scène. Se sentant piégés, ses deux complices, Ismaël Mostefaï et Foued Mohamed-Aggad, vont se réfugier dans un couloir en emmenant une dizaine de personnes avec eux. L'explosion de leur collègue, aux dires d'une de leurs otages, les aurait amusés.

À 22 h 15, c'est la BRI qui pénètre dans les lieux.

Dimitri rejoint son équipe à l'intérieur du Bataclan où ils prodiguent leurs soins et séparent les morts des vivants. Une mission angélique sur fond d'apocalypse. Ils se situent au-dessus de cette frontière invisible, qui sépare la lumière des ténèbres, une balance entre chaque main. À leurs pieds, certains corps sont déjà dans le sommeil de la mort alors que d'autres s'y dirigent lentement, dans la douleur et dans l'angoisse, s'enfonçant un peu plus dans l'obscurité.

« Je poursuis le travail de mes hommes, c'est naturel. Cette expérience les a rapprochés, soudés, par la suite ils m'expliqueront que pendant l'évènement, ils étaient toujours solidaires, faisant toujours attention de savoir où se trouvaient les uns et les autres.

Quand on est rentre dans la salle, on est saisis. Voir ces corps enchevêtrés, le sang partout, les bouts d'organe, d'os, de chair. Et puis la lumière est assez diffuse, des spots s'étaient éteints, alors il y a des poches lumineuses par endroit. La fosse est assez éclairée mais le bar sur la gauche est dans l'obscurité, ce jeu d'ombre et de lumière ajoute à l'effroi, à l'horreur. »

Il voit des policiers « en piquetage » : une dizaine de membres de la BRI, vêtus de noir, casqués, équipés d'armes automatiques, quadrille la salle de leur regard, tournant la tête de gauche à droite, aux aguets pendant que deux colonnes progressent dans les étages pour localiser les terroristes.

« J'aide les gars pour transporter les personnes, je vois « les miens » et d'autres policiers. On prend des barrières Vauban, les fameuses barrières de sécurité en métal, assez lourdes, on les pose par terre et on se met à deux pour y placer chaque blessé qu'on soulève doucement. Ça sert de brancard. On peut les amener jusqu'à la rue Oberkampf. Mais sur la portion du boulevard Voltaire qu'on traverse, il y a des sorties de parking sur le trottoir, et du coup, il y a des plots assez hauts, et quand on a une barrière Vauban, ça ne passe pas, il faut la soulever. Les victimes ont des plaies énormes, le moindre choc est une douleur atroce, à chaque fois qu'on passe devant ces plots et qu'un bout de bras dépasse, on entend des hurlements atroces. Pendant une partie de la soirée, on a sorti les corps encore vivants à l'extérieur. On appelle les gens pour qu'ils se manifestent, je me souviens qu'un moment, un homme lève le bras. Il est sous les corps de plusieurs personnes qui sont mortes. On prend une barrière Vauban, on enlève les cadavres qui sont au-dessus de lui, et on se baisse pour l'attraper, je regarde mes pieds pour m'assurer que je ne suis pas en train de marcher sur quelqu'un et soudain, je vois une touffe de cheveux bruns, isolée avec une surface et un morceau d'os. C'est un bout de boîte crânienne. On imagine facilement la brutalité de cette soirée, le massacre qui a eu lieu. La kalachnikov est une arme très destructrice.

On met la personne sur une barrière, on la ramène à vide pour transporter un autre blessé. On se rend compte qu'au fur et à mesure des allers-retours, les choses ne sont pas évidentes pour les pompiers. Au début, on met les patients dans un hall d'immeuble de la rue Oberkampf, mais il y a de moins en moins de place, alors on poursuit dans la rue Oberkampf, on pose les victimes sur le trottoir. Il y a un engorgement car on en met de plus en plus. Les pompiers s'affairent pour les installer dans des cours avant de les amener au poste médical avancé. »

« Attention, vous êtes dans l'axe de tir du terroriste ! », c'est le message que lance un des membres de la BRI au commissaire au moment où celui-ci tend les bras pour s'emparer d'une autre victime. C'est sous une menace permanente que les policiers accomplissent leur travail de sauvetage.

« Au moment où on fait ces trajets, des messages très anxiogènes circulent, on est en lien avec Acropol, la radio de la police. Des riverains du Bataclan disent qu'ils voient des terroristes sur le toit. On se dit alors qu'on est peut-être des cibles, qu'ils vont nous canarder et on continue à transporter ces corps en frôlant les murs, en plus d'éviter les plots. »

« Des terroristes sont signalés sur le toit, il faut vous protéger ! »

Le message se fait plus pressant. Un mouvement de panique gagne la rue Oberkampf, les secours rentrent dans les halls et les cours et les derniers corps sur la rue sont traînés dans des endroits sécurisés. Dimitri, avec un collègue, fait entrer les secours dans une entrée d'immeuble et ferme les portes. Les deux hommes sortent leurs armes. Ils attendent, en éveil. La nervosité gagne toute la petite assemblée, le danger est toujours là. L'attente semble longue, on guette chaque bruit. Au bout d'une dizaine de minutes, les policiers comprennent qu'il doit s'agir d'une fausse alerte. Ils partent en quête d'informations et finissent par apprendre que des riverains, en voyant les membres du RAID sur le toit, encagoulés et armés, ont cru à des terroristes.

« Même s'il s'agit d'une fausse alerte, ça ne nous sécurise pas, on est inquiet, on ne sait pas ce qui peut se passer car on est dans la configuration d'attaques multiples. On ne sait pas si c'est terminé. Les colonnes de la BRI progressent, mais il y a des otages partout, les étages du Bataclan sont un labyrinthe et ils ne savent pas si ceux qu'ils libèrent sont vraiment des otages ou des terroristes. Tous les scénarios sont possibles. »

« Pendant les trajets, j'essaie de ne pas trop m'attarder sur les blessures des victimes pour me préserver au maximum et continuer ma mission sans me laisser perturber. Mais je me souviens de certains grands blessés, comme cette femme, j'ai le réflexe en la posant de me retourner et je vois qu'elle a la moitié du visage arraché. Il y a eu des défigurés pendant les attaques terroristes dont certains nécessiteront des trentaines d'opérations avant de pouvoir retrouver un visage.

Une autre image m'a marqué, on transporte un jeune homme sur une barrière Vauban en lui tenant les jambes. Quand on le dépose, on le maintient pour le mettre dans un brancard, mon collègue lui tient un pied et le pied lui reste dans les mains, seul le jean le tenait au reste de la jambe, il était sectionné. »

Ces moments de peur, ces moments où l'état des otages témoigne plus que de grands discours sont autant d'instants où il faut se concentrer sur l'action mise en œuvre et focaliser tous ses sens et son énergie sur la mission à accomplir. Il ne faut pas flancher, ne pas se laisser gagner par des émotions, légitimes, mais qui pourraient venir entraver la concentration nécessaire pour mener à bien le travail de police.

« J'ai eu quelques moments d'abattement, un sanglot quand j'ai déposé la victime avec la moitié du visage emportée, puis je me suis mis à courir pour ramener d'autres blessés. Ça allait mieux. »

« J'ai le souvenir d'une femme qui me tient le bras et me dit merci, je n'arrive plus à me remémorer son visage, c'est curieux, alors que je suis physionomiste. Mais ce « merci », il m'a fait du bien. »

« Aux alentours de minuit, on nous demande de sortir parce que l'assaut va être donné. » Entre temps, les policiers, communiquent avec les terroristes, retranchés derrière une porte, des otages en guise de boucliers. À 00 h 20 l'assaut est donné. Des bruits de grenade se font entendre. La BRI avance en colonne en direction des terroristes qui se font exploser.

L'opération est très rapide, elle dure environ cinq minutes.

« Je retourne ensuite face au bataclan, je rentre dans une phase différente qui est celle de rapatrier les gens présents à l'angle du boulevard Voltaire et de la rue Oberkampf. »

Les membres de la BRI ont recherché les otages dans les moindres recoins, ils étaient cachés dans les faux plafonds, coincés à plusieurs dans les toilettes, dans les placards. La moindre porte ouverte dissimulait une ou plusieurs personnes, méfiantes parfois à l'égard de leurs sauveteurs tant ils avaient vécu dans la crainte d'être découverts par les kamikazes.

Les personnes qui descendent, escortés des membres de la BRI sont, pour la plupart, des ombres qui errent à la recherche d'eux-mêmes. Dans un état stuporeux, ils sont hagards et semblent interroger les intervenants du regard. Suis-je vraiment en sécurité ? Dimitri sent ce mélange de crainte et d'incompréhension totale.

Les policiers les rassurent par des paroles et des regards encourageants : « C'est fini, c'est fini maintenant ». Ils lèvent tous les bras par mécanisme et se laissent guider.

« Il faut qu'on les palpe, pour être sûrs qu'ils ne sont pas porteurs de bombes car les terroristes peuvent piéger les otages. J'organise des groupes de dix confiés chacun à un policier. Bien sûr, les femmes se font palper par des femmes. Cela prend du temps et nous avons besoin de renfort, par conséquent je lance un appel pour demander des hommes afin de libérer les victimes au plus vite. »

Certains se mettent à hurler à la vue du carnage dans la fosse. La plupart des membres des forces de l'ordre s'efforcent pourtant de masquer leurs regards afin que les délivrés ne découvrent pas cette scène d'horreur.

Le directeur de la police demande aux pompiers d'amener les échelles pour faire descendre les otages directement par la rue, afin de leur éviter de voir le carnage. Les blessés eux, seront treuillés avec une corde.

« J'ai le souvenir d'un pompier qui descend un enfant et qui lui met son casque pour ne pas qu'il voit ce qui se passe. »

« C'est fini, c'est fini maintenant... » Perdus, les occupants de l'étage ne cherchent pour le moment même pas de réponses à ce qu'ils viennent de vivre. Ils n'ont pas de questions. Ils ne vivent pas dans la même réalité que ceux qui les prennent en charge.

Les autorités regroupées à l'angle de la rue Oberkampf et du boulevard Voltaire prennent les identités des otages et les dirigent, selon l'état, vers un médecin, une unité psychologique, ou encore au 36 Quai des Orfèvres pour y être interrogés.

« Ce qu'a fait mon adjoint, fluidifier l'ordre public, a sauvé des vies. Il est notamment allé chercher des bus pour les réquisitionner afin d'y installer des blessés ou amener les otages qui étaient en mesure de témoigner au 36 afin que les équipes de la police judiciaire commencent au plus vite leur travail d'investigation. »

Dimitri, le propriétaire et le gérant du Bataclan sont à l'extérieur. « Pas question de les faire rentrer ! » Lance un collègue au commissaire Kalinine

« Ah non, pas question ! »

« Ce serait quand même une bonne idée de les mettre en contact avec les enquêteurs qui font les constatations dans la salle, ne serait-ce que pour rétablir les lumières. »

La mission paraît aisée, mais pour Dimitri, cela signifie qu'il doit à nouveau entrer dans la salle du Bataclan. Il n'a plus rien à y faire, les personnes vivantes ont été évacuées mais il faut qu'ils trempent à nouveau ses pas dans la mare de sang qui jonche le sol, qu'il s'inflige à nouveau cette vision cauchemardesque, que ses narines retrouvent cette odeur qui l'avait frappée quand il y était rentré la première fois : une odeur métallique, une odeur de sang, une odeur de mort.

« Je vais chercher l'officier qui fait les constatations, et là, je retombe sur ces scènes très dures, je passe devant le bar, je monte les quelques marches je vois des corps partout, fauchés violemment au moment où ils s'amusaient, ils sont contre les barrières ou empilés les uns sur les autres, ensanglantés, les plaies sont affreuses, des os saillants, des membres arrachés, il y a des trous béants. Et ces portables qui continuent de sonner dans leurs poches. On s'est attaqué à des gens qui n'avaient aucune revendication, qui étaient juste là pour s'amuser. »

« Beaucoup nous ont dit que ce qu'on avait fait, nous, les flics du IIIe, c'était formidable, mais il n'y avait rien de prémédité. Les gars de chez moi ont commencé, on a continué. »

Il est 4 h 00 du matin, quand le commissaire et ses sept recrues se retrouvent dans son bureau pour discuter à chaud des évènements. Si tous ont été choqués par l'ampleur du carnage, chacun a mis en éveil un sens différent : l'ouïe, l'odorat ou la vue. Le claquement des armes a frappé l'un, pendant que l'autre a surtout été marqué par l'odeur de la poudre. Dimitri, quant à lui, a des réminiscences de ces remugles d'hémoglobine.

Les jeunes gardiens sont couverts du sang auquel ils ont été exposés en pratiquant des massages cardiaques, en faisant des garrots, en transportant les corps et tous ont des débris de corps humains sur leurs vêtements. Ils ont été sujets à une trithérapie préventive.

« Moi je n'en ai pas senti l'utilité. J'étais moins en contact qu'eux. Quand je suis rentré chez moi, j'ai tout mis à la machine, je ne voulais pas jeter mes affaires, certains les ont jetées, moi je voulais les garder. Le lundi, quand j'ai fait la séance de débriefing, j'avais posé mes chaussures sur la terrasse, quand je les ai reprises, dans les rainures, y'avait des matières organiques humaines, des bouts de chair, je n'ai pas voulu les jeter, ce sont des reliques, c'est celles que j'ai depuis que je suis sorti de l'école. »

Le dimanche, Dimitri fait venir un psy afin d'organiser un « débriefing émotionnel » pour son équipe et lui-même. Cela leur a permis d'objectiver les émotions qu'ils avaient eues. Le cerveau, confronté à une situation anormale a tendance à débrancher des perceptions. Certains sens vont se trouver diminués par rapport à d'autres. Le commissaire s'interroge sur la « normalité » d'un choc post-traumatique. Il est rassuré à l'idée de savoir qu'il est naturel d'avoir des « flash », de faire des cauchemars et de développer des idées morbides. Ce qui l'est moins, c'est de s'y abandonner sans consulter. Lui-même avoue ne pas en avoir besoin. Son sommeil est normal et il n'éprouve pas d'angoisse particulière. Un état qu'il juge inquiétant. Il interroge la psy sur son manque de symptômes. Cette dernière, loin de prêcher pour sa paroisse, lui explique qu'on peut très bien surmonter ce genre d'épreuves naturellement. Développer des pathologies n'est pas une obligation dans un monde où on médicalise pourtant nombre de souffrances.

« Les policiers du quotidien, qui font des interventions peu gratifiantes et qui ne sont pas médiatisés, travaillent dans l'ombre car ils s'occupent de différends familiaux, interviennent sur la voie publique, gèrent des affaires qui ne font pas sensation. Ces policiers ne se sont pas posés de questions dans des circonstances extraordinaires. J'étais fier d'être avec eux, d'être leur chef. Vous êtes confrontés à la barbarie et là, vous avez l'autre versant de la nature humaine. »

Ils ont tiré le meilleur d'eux-mêmes au moment où d'autres, derrière les lourdes portes du bataclan, raclaient consciencieusement ce qu'il y avait de pire en eux.

RING

Achevé d'imprimer sur rotative
PAR BUSSIÈRE CPI FRANCE
en MARS 2016

–

Dépot légal : MARS 2016
Numéro d'édition : 001
Imprimé en France

–

Conception couverture : Grégory Podevin
Conception intérieure : Jany Bassey

ISBN : 979-10-91447-45-4
Numéro d'impression : 2021877